LA DÉCORATION
DU
JARDIN

LA DÉCORATION DU JARDIN

TESSA EVELEGH

Photographies de DEBBIE PATTERSON

Traduction de France Valentini

MANISE

Pour Jennie

ISBN : 2-84-198-039-1
Dépôt légal : mars 1997
Imprimé à Hong Kong

Afin que cet ouvrage puisse être utilisé au Canada, nous avons conservé les mesures anglo-saxonnes. Elles sont donc indiquées systématiquement entre parenthèses.

Éditeur : **Joanna Lorenz**
Directrice de projet : **Judith Simmons**
Secrétaire de rédaction : **Maggie Daykin**
Styliste : **Lisa Tai**
Photographe : **Debbie Patterson**
Illustratrice : **Lucinda Ganderton**

CRÉDITS PHOTOGRAPHIQUES
Camera Press : p. 132, en bas à gauche (Rosemary Weller). The Garden Picture Library : pp. 24, en bas (Ron Sutherland) ; 57, en bas (Brigitte Thomas) ; 83, à droite (Marijke Heuff) ; 136 (Steven Wooster) ; 137, en haut à droite (Gary Rogers) ; 139 (Jane Legate). Robert Harding : p. 144, en bas. Jerry Harpur : pp. 12, en bas (designer : Patrick Presto, San Francisco) ; 32, en bas à gauche (designer : Keeyla Meadows, San Francisco) ; 38, en bas (designer : Sonny Garcia, San Francisco) ; 101, en haut (designer : Thomas Church, San Francisco), en bas à gauche (designer : Cyrille Schiff, Los Angeles) ; 138, à gauche (designer : Sonny Garcia, San Francisco), à droite (designer : Vernon Edenfield, Fredericksburg).

Sommaire

Introduction

Être propriétaire d'un jardin, quelle que soit sa taille, procure un sentiment de satisfaction intense. Vous voici seul responsable, du moins l'espérez-vous !, de cette petite parcelle de planète, et vous pouvez en jouir tout en en prenant soin. Vous y habitez, mais à ciel ouvert, alors pourquoi ne pas la décorer dans le même esprit que l'intérieur de la maison elle-même, puisqu'elle en fait partie.

Créer un effet visuel en peignant ou en teignant les palissades, les murs, le mobilier et les pots de fleurs en harmonie avec les plantes ; inventer des perspectives qui, grâce à des effets d'optique, augmentent le charme du jardin ; émailler le paysage de petites mises en scène et d'éléments décoratifs... voilà quelques idées parmi les centaines dont foisonne cet ouvrage et qui vous permettront d'imaginer votre jardin-salon d'une manière différente.

Pour qu'il soit toujours pimpant, inutile d'être un jardinier expérimenté ou de vous astreindre à d'exténuantes corvées. Il suffit de concevoir un espace de vie plaisant, aménagé d'une manière fonctionnelle pour toute la famille, où il fait bon recevoir des amis, jouer ou tout simplement se détendre.

Je souhaite que vous trouviez une grande source d'inspiration dans ces multiples photos, ces suggestions et ces projets, et que vous parveniez, en feuilletant ces pages, à concevoir un jardin-salon aussi ravissant que personnel.

DESSINEZ LE PLAN DE VOTRE JARDIN-SALON

Pour métamorphoser votre jardin,
même s'il est minuscule, en salon d'extérieur,
il suffit de l'aménager comme une pièce
de la maison. Vous aurez ensuite
tout loisir d'en profiter en famille
ou entre amis et à tous les instants.

PAGE DE DROITE : *créez le plus charmant des boudoirs sous une simple tonnelle en treillis Suspendez quelques lanternes et savourez les belles soirées d'été.*

Les grandes lignes

Les jardins les plus beaux à contempler, ceux où l'on ressent la plus grande sensation de bien-être, ont tous été minutieusement pensés. Il faut étudier l'espace dans sa globalité et trouver les moyens d'en tirer le meilleur parti avant d'y planter les éléments du décor.

Il vous faut, bien sûr, un endroit où vous asseoir, où déjeuner peut-être ; les enfants, si vous en avez, ont besoin d'une aire de jeux ; n'oubliez pas non plus les espaces de rangement indispensables pour les outils, les pots de fleurs et l'équipement habituel de jardinage. Tout est possible, même dans un jardin miniature. On peut très bien s'asseoir et déjeuner confortablement dans un espace de 2 m^2 (6 1/2 pi^2) seulement. Les enfants seront ravis d'avoir un bac à sable, même s'il ne mesure que 1 m^2 (3 1/4 pi^2). Si vous disposez d'un peu plus de place, vous leur installerez aussi une petite cabane.

CI-DESSUS : *un écran visuel, aussi léger soit-il, permet de définir une perspective. Cette petite rangée bien nette de feuilles d'iris sépare la terrasse d'une charmante pelouse miniature et contribue à mettre ces deux éléments parfaitement en valeur.*

CI-DESSUS : *en divisant l'espace, on lui donne de la profondeur. Ces deux énormes buis taillés en sphère embellissent la perspective et soulignent la silhouette de la tonnelle.*

À DROITE : *sur cette ravissante étagère en fil de fer, quelques objets utilitaires prennent des allures décoratives.*

CI-DESSUS : *ces haies basses contribuent à structurer le paysage du jardin et à augmenter son intérêt visuel en le divisant en plusieurs « pièces ».*

Considérez toutes vos activités et prévoyez mentalement leur emplacement idéal, exactement comme vous le feriez pour une cuisine. Une fois ces priorités établies, le reste du jardin sera plus facile à imaginer. Cette démarche est très importante, même si vous n'avez pas les moyens, dans l'immédiat, d'installer un nouveau pavage ou de réorganiser le paysage. Prenons un exemple : il y a peut-être un massif de fleurs là où vous aimeriez installer le coin repos. Si vous conservez le plan tel quel, il faudra continuellement sortir et rentrer le mobilier de jardin quand vous en aurez besoin. Semez tout simplement du gazon à la place du massif, et le coin repos sera bientôt prêt à vous accueillir, à n'importe quel moment de la journée.

Quand les principaux espaces seront aménagés, vous en déterminerez plus facilement l'emplacement idéal pour les plantations. De cette manière, vous pourrez transformer votre jardin en salon extérieur et en profiter toute l'année.

Une intimité bien protégée

Pour être considéré comme un havre de paix, le jardin doit offrir un espace privé efficacement protégé. Tous les moyens sont bons pour y parvenir : rehaussez les murs et les clôtures avec des treillis ; faites ensuite grimper des plantes décoratives qui fourniront un écran de feuillage bien épais ; ou bien plantez des conifères à croissance rapide, comme les thuyas.

Le coin repos doit être à l'abri des regards. Même si vous habitez la campagne et jouissez d'un immense jardin, vous augmenterez le confort de votre installation si elle est efficacement abritée, au moins d'un côté. Le mur d'enceinte du jardin, une haie ou un simple claustra peuvent protéger votre intimité, mais un autre type d'écran sera indispensable si l'on vous voit d'en haut. L'un des moyens les plus sûrs est d'installer une pergola drapée d'une vigne vierge ou d'une autre plante grimpante. Vous aurez ainsi un toit qui filtrera la lumière naturelle, tout en laissant passer l'air frais.

CI-DESSUS : *des petits coins secrets, furtivement aperçus, donnent un attrait romanesque à n'importe quel jardin. Ici, un mur abrite un côté du jardin et garantit son intimité, tandis que l'arceau qui encadre la statue crée une perspective visuellement plus riche.*

À GAUCHE : *un érable japonais au superbe feuillage cuivré sert d'écran à ce joli patio.*

À DROITE : on peut aménager un coin secret dans le plus petit des espaces. Cette allée serpente dans une jungle de verdure, dans un jardin minuscule.

L'atmosphère et le charme

Une fois l'espace organisé, il faut lui donner une âme. La meilleure façon d'y parvenir est de flatter les cinq sens. La nature a d'ailleurs bien fait les choses pour que vous y parveniez le plus naturellement du monde. Dans le plus petit des jardins, on peut ajouter, au gazouillis des oiseaux et au bruissement des insectes, la mélodie d'un mobile balancé par le vent ou la petite musique de l'eau.

La nature est également généreuse en délicieux parfums : fragrances sucrées des roses, du chèvrefeuille et du jasmin, senteurs piquantes de la lavande ou des herbes aromatiques. Pour stimuler le toucher, il y a le frôlement des plantes et l'envie, irrésistible, d'y poser la main lorsqu'on fait le tour du jardin. Le plaisir est encore plus grand quand les textures varient, tantôt lisses et charnues, tantôt élancées et plumeuses. Ce panorama sensoriel est complété par le goût, toujours stimulé par un repas savouré en plein air.

Les jardins les plus enchanteurs sont souvent les plus secrets. C'est le cas des cours intérieures, des terrasses ou des jardins sur les toits, véritables pièces extérieures dont l'ambiance est naturellement intime. Si votre jardin est grand, ajoutez à son agrément une touche de mystère. Mais qu'il soit grand ou petit, ce n'est pas vraiment difficile : une porte dans un mur ou une clôture suffisent à suggérer un « ailleurs » ; un simple arceau donne l'impression de passer d'un espace à un autre ; un claustra dissimule l'endroit où l'on prend ses repas. Ces astuces ajoutent à l'enchantement, tout en créant une illusion d'espace. Le paysage tout entier acquiert de la profondeur, ainsi qu'une forme et une charpente mieux définies. Le moindre écran, même infiniment léger, suggère le mystère et le romanesque.

À GAUCHE : *rien n'est plus savoureux qu'un repas de saison, préparé en toute simplicité et dégusté au frais et à l'abri des regards, sur une table au décor naturel.*

À DROITE : *le bruit de l'eau procure un grand plaisir. Ici, l'eau ruisselle avec élégance sur cette feuille de nénuphar en fonte, fixée sur un mur.*

CI-DESSOUS : *cette minuscule cour a tout le charme d'un salon à ciel ouvert. Les fleurs de cerisier y dessinent une ravissante tapisserie, tandis que leurs pétales recouvrent le sol d'un tapis naturel.*

Le bon niveau

S'il est préférable que le sol d'une maison soit parfaitement plan, c'est tout le contraire au jardin. À l'intérieur, la hauteur variable des meubles crée une intéressante géométrie et le mobilier occupe une grande superficie. Dehors, même le plus « meublé » des jardins présente une surface au sol qui peut manquer d'intérêt. À moins d'avoir opté pour une composition décorative très sobre (un parterre classique) ou de posséder un jardin réellement minuscule (de la taille d'une toute petite pièce), vous avez peut-être envie de créer des niveaux différents.

La hauteur d'une seule marche suffit à briser la monotonie. Mais si vous ne pouvez pas vous permettre de modifier complètement la structure du jardin pour moduler les niveaux, il vous reste tout de même quelques astuces : construire une plateforme à un certain endroit ; placer des potées fleuries sur un présentoir élevé ; utiliser un bâtiment comme élément de décor ; ponctuer le paysage de structures verticales ; ou cultiver des plantes plus ou moins grandes qui s'étagent à différentes hauteurs.

CI-DESSUS : *les grimpantes à fleurs, comme les clématites, ne partent pas seulement à l'assaut des palissades ou des murs. En les faisant grimper sur un obélisque, vous mettrez de la couleur à la hauteur choisie.*

À GAUCHE : *une toute petite terrasse peut aussi se construire sur différents niveaux. Ici, des jardinières surélevées en briques peintes s'harmonisent avec les murs du jardin.*

PAGE DE DROITE : *ce ravissant présentoir en métal, qui date du siècle dernier, a été rempli de fleurs blanches qui éclairent un coin très verdoyant.*

Des plantes bien choisies

Les massifs de plantes herbacées, qui fleurissent en couleur tout au long de l'été, meurent et disparaissent en hiver. Pensez à planter quelques arbustes persistants qui resteront verts en toute saison. Ils vous aideront également à constituer la charpente de votre jardin, en créant, à différentes hauteurs, des écrans de verdure ou même des sculptures. Installez les buissons les plus élevés à l'arrière-plan de vos massifs et par ordre décroissant jusqu'en bordure. Installez aussi quelques rangs de plantes assez basses, pour diviser l'espace en certains endroits du jardin, en créant un paravent naturel. Des arbres « formés » et des arbustes taillés en topiaire jouent le rôle de sculptures vivantes.

Une fois cette structure de base établie, elle servira de toile de fond à vos tableaux en couleur, car un jardin-salon est beaucoup plus beau lorsqu'il est richement coloré. Tous les végétaux qui le composent doivent être choisis avec soin pour assurer une palette colorée tout au long de l'année : les arbres fruitiers donnent des bouquets printaniers, les rosiers remontants fleurissent tout l'été, les clématites tardives et les jolies baies rouges du pyracantha enchantent l'automne, et celles du houx égaient l'hiver. On peut agrémenter ce choix en plantant des colchiques, des schizostylis et des cyclamens dont les bulbes s'épanouissent en automne. Mais les potées fleuries restent le plus sûr moyen d'entretenir la bonne mine du jardin, car on trouve toujours une variété de fleurs saisonnières chez tous les pépiniéristes. Les jardinières mobiles permettent d'apporter une touche colorée à un endroit bien précis et de remplacer les fleurs selon la saison, au fur et à mesure qu'elles disparaissent. N'oubliez pas de planter des bulbes en automne pour préparer leur éclosion printanière. Lorsque leurs fleurs sont fanées, installez-les dans un coin du jardin où le feuillage absorbera un maximum de soleil. Ainsi choyés, ces bulbes refleuriront encore plus beaux l'année suivante.

CI-DESSOUS : *disposez des plantes en pots, à l'extérieur comme à l'intérieur. Ici, des fleurs printanières habillent joliment le rebord d'une fenêtre.*

CI-DESSUS : *l'arceau de verdure persistante formé par ces deux conifères attachés par leur couronne peut remplacer le traditionnel arceau couvert de roses.*

CI-DESSUS : *ce superbe rosier-tige est un élément décoratif ravissant.*

À DROITE : *ces pots de fleurs groupés forment une belle masse colorée que l'on peut déplacer à volonté, d'un endroit à l'autre du jardin.*

LES SOLS ET LES REVÊTEMENTS

En pierre, en brique, en gravier ou en gazon, le revêtement du sol constitue la structure de base du jardin-salon. Il suffit d'un peu de talent et d'imagination pour y intégrer une part de fantaisie.

PAGE DE DROITE : *ce jardin de style potager est pavé de briques et divisé en plusieurs carrés plantés d'herbes aromatiques, de fleurs, de fruits et de légumes.*

Commencer par le bas

À l'extérieur encore plus qu'à l'intérieur, le sol fait partie intégrante du décor, et c'est par lui qu'il faut commencer pour structurer son jardin. Par un effet pervers, plus cette superficie est réduite et plus son importance est capitale, car, dans un grand espace, une pelouse fait parfaitement l'affaire. Lorsqu'on dispose de peu de place, l'acquisition d'une tondeuse à gazon est souvent inutile et il vaut mieux choisir une combinaison de surfaces « dures » et « tendres », plus pratique et plus esthétique : les « dures » pour les allées et les terrasses, les « tendres » pour les plantations. Dans la maison, un même revêtement ininterrompu d'un mur à l'autre donne de l'unité à une pièce. Dans un jardin, il risque d'être un peu triste, tandis qu'une variété de textures est visuellement plus intéressante.

Si vos moyens vous le permettent, tentez de repartir de zéro et de repenser complètement l'habillage du sol. L'arrangement floral le plus réussi, perd tout son charme sur fond de dalles en ciment, tandis qu'un sol bien aménagé offre sa propre beauté. Plus vous attendrez, moins il sera facile de bouleverser l'agencement du jardin pour le refaire à neuf. Votre seul recours sera alors de déplacer les massifs, les potées ou les claustras.

Même si vous ne pouvez pas tout changer, tentez quelques modifications : en supprimant le dallage sur le pourtour du jardin ou à certains endroits, par exemple, vous pourrez planter plus de fleurs. N'hésitez pas, non plus, à employer diverses astuces de décoration pour camoufler des surfaces vraiment peu esthétiques.

CI-DESSUS : *un pavage imitant la brique et des urnes de petite taille décorent cette pelouse miniature à la manière d'un grand jardin classique.*

À GAUCHE : *avec son dallage en terre cuite et ses murets en brique, cette ancienne serre abrite un jardin d'herbes aromatiques dans un jardin anglais déjà bien établi. On peut obtenir le même résultat avec un dallage en carreaux de céramique de deux couleurs, posés en diagonale.*

PAGE DE DROITE : *ces plantes couvre-sol aux fleurs mauves et violettes s'étalent comme un tapis moelleux sur un parquet, le long d'une allée de briques posées en chevrons. Des mousses et des plantes alpines ont envahi l'escalier de pierre en demi-cercle.*

Choisir les matériaux

En extérieur, rien n'égale la beauté de la pierre. La brique est un matériau également superbe et peut, de la même manière, composer un ensemble « maison et jardin ». Seule la brique plate convient pour un pavage, mais elle n'est pas toujours résistante au gel. Choisissez une brique spécifiquement conçue pour le pavage des terrasses et des allées. On peut aussi utiliser des dérivés de pierre naturelle, comme le gravier, dont la surface inégale se tasse bien, ou les galets plus ronds, roulés par la mer. D'autres matériaux comme l'ardoise, les cailloux et les carreaux de céramique, employés à bon escient, donnent d'excellents résultats. Le bois offre une texture plus tendre : on peut choisir des planches prédécoupées destinées à l'habillage du sol ou bien du bois de récupération, d'anciennes traverses de chemin de fer, par exemple.

À GAUCHE : *des pavés alignés bout à bout allongent la perspective de cette allée dans un jardin citadin.*

Si les matériaux naturels ne sont pas dans vos moyens, il existe un choix intéressant de revêtements en ciment. Certains offrent de subtiles variations de couleurs qui leur donnent un aspect patiné par le temps et sont disponibles en plusieurs tailles. D'autres sont composés de pavés irréguliers « prêts à découper », au fini très naturel.

Le choix du matériau est une chose, décider quelle forme est la plus adaptée à votre jardin en est une autre.

À GAUCHE : *un revêtement en planches peut remplacer la pierre ou le ciment dans un coin repos bien meublé. Dans les jardins pentus, une plate-forme en bois est idéale et peut servir de point d'observation.*

La pierre, naturelle ou simili, se présente sous forme de dalles, de rectangles, de carreaux, de pavés ou de pavage fantaisie. Le ciment adopte des figures géométriques, telles que l'hexagone ou l'octogone. Le résultat global dépend de celle que vous choisirez et de la façon dont elle sera posée. Les éléments de petite taille peuvent agrandir visuellement une surface. Des briques posées en largeur dans une allée donnent une impression de calme ; en longueur, elles créent le mouvement ; en chevrons, elles donnent un caractère plus ancien. Un mélange de plusieurs formes stimule l'intérêt et dynamise l'ensemble, tandis que des rectangles disposés en largeur agrandissent une petite terrasse. Une différence de niveaux apporte une dimension supplémentaire. Une seule marche montant à une terrasse, par exemple, suffit à créer l'illusion de passer d'un environnement à un autre, et amplifie la perspective du jardin tout entier. Attention, cependant : un escalier de plus de deux marches de 30 cm (12 po) de profondeur rétrécit considérablement la superficie d'un petit jardin. En revanche, un escalier qui descend vers le jardin est facile à mettre en scène : il aura un charme fou si vous posez une plante en pot sur chaque marche et un large groupe de potées fleuries à ses pieds, comme un resplendissant bouquet.

À GAUCHE : *des pensées naines composent un ravissant décor sur ces vieilles marches en pierre.*

À GAUCHE : *cette pelouse couleur d'émeraude, idéale en climat humide, s'étend à perte de vue, comme une moquette naturelle.*

Des plantes pour habiller le sol

Un revêtement de sol, quel qu'il soit, paraîtra moins neuf si l'on y laisse pousser des mousses, des plantes basses et des lichens... Mais si les pensées naines, qui essaiment à volonté, sont tout à fait adorables, les chardons le sont beaucoup moins ! À plus grande échelle, on peut cultiver de véritables jardins miniatures à certains endroits. C'est un bon moyen, par exemple, d'adoucir une grande superficie de dalles en ciment. Les herbes aromatiques naines, une variété de camomille sans fleurs ou du thym, embaumeront chacun de vos passages. Parmi les plus grandes, choisissez la lavande ou la sauge, ou encore des plantes à fleurs basses, comme l'alysse, la violette, la pensée, les œillets mignardises et autres plantes alpines qui dessineront, au niveau du sol, un patchwork aux couleurs subtiles.

À GAUCHE : *ce sol est recouvert, tout l'été, d'un joyeux tapis de fraises naines.*

CI-DESSUS : *ce soleil en céramique et en trois dimensions décore de manière très originale un coin de jardin. Pour lui donner de la texture, on y a planté différentes plantes couvre-sol qui offrent plusieurs nuances de vert.*

CI-DESSUS : *cette meule en pierre garnie de plantes alpines rehausse la beauté d'un sol pavé.*

Un jardin alpin en forme de roue

Le grand intérêt des plantes alpines réside dans la variété de leurs textures. Elles sont d'un entretien facile et s'étalent, le plus souvent, en un épais tapis. Petite ou grande, cette roue peut remplacer une rocaille, somme toute assez banale. Calculez le nombre de plantes qu'il vous faut pour la remplir en vérifiant leur étalement sur l'étiquette.

OUTILS ET MATÉRIAUX

Pour une roue de 250 cm (8 pi) de diamètre :
Ficelle
2 morceaux de bois de 15 cm (6 po)
Bêche
Terreau et engrais
Une vieille plaque d'égout
62 briques
3 plantes alpines d'une capacité d'étalement de 30 cm (12 po) environ, par section
Gravier, pour remplir
Galets et ardoises, pour décorer

1. *Fabriquez un compas en attachant un morceau de ficelle, de la longueur d'un rayon de la roue, à l'extrémité de chaque morceau de bois. Retournez la terre sur une superficie à peu près égale à celle de la roue et amendez-la avec du terreau et de l'engrais. À l'aide du compas, tracez un cercle et installez la plaque d'égout au centre. Posez les briques tout autour pour dessiner les rayons.*

2. *Disposez les plantes comme bon vous semble. Ici, nous avons planté une espèce différente dans chaque section. Lorsqu'elles auront grandi, elles conserveront au motif toute sa netteté.*

3. *Comblez l'espace autour des plantes avec du gravier et apportez la touche finale en décorant avec les galets et les ardoises.*

Les bordures

La finition des bordures d'une allée ou d'une terrasse joue un rôle visuel déterminant sur l'ensemble du décor. On trouve des bordures assorties à la plupart des pavages ou des revêtements en céramique. On peut aussi improviser en posant le même matériau qu'au sol, mais dans un autre sens, par exemple à la verticale ; ou bien disposer des briques en triangles pour une amusante finition dentelée. Il existe, bien sûr, des bordures prêtes à poser en pierre, brique, ciment ou métal, mais si vous voulez faire preuve d'originalité, garnissez le pourtour d'un massif avec des coquillages ou des bouchons « plantés », ou bien cultivez un pourtour naturel en buis ou en lavande naine.

À GAUCHE : *on fabrique de nouveau ces jolies bordures torsadées qui connaissent un regain de popularité.*

À DROITE : *ces éléments décoratifs anciens, à la belle couleur grise et aux rebords festonnés, seraient parfaitement à leur place dans un jardin citadin.*

CI-DESSOUS : *ces coquilles Saint-Jacques forment un ravissant feston dont les tonalités corail se marient bien aux carreaux en terre cuite.*

Le bon motif

Pourquoi ne pas renouer avec la tradition et préférer des revêtements de sol plus sophistiqués, même en extérieur ? Les patios des maisons romaines s'ornaient des motifs les plus compliqués. Cet art connut ses heures de gloire avec l'islam et son architecture extérieure très richement décorée. Au Moyen-Orient et aux Indes, on pavait les allées de mosaïques aux dessins géométriques en noir et blanc ou ivoire, brun chocolat et terre cuite.

Au cours des siècles, on a fréquemment utilisé les galets dans l'art de la mosaïque. Leurs teintes naturelles et leurs formes arrondies composent de jolis panneaux à la riche texture. Les formes géométriques sont les plus traditionnelles, mais certains artistes réalisent de véritables œuvres d'art figuratif.

On élabore aussi, depuis très longtemps, des motifs à base de végétaux, dont les plus beaux exemples sont les jardins baroques ou les parterres à la française. Les contours sont définis par des bordures en lignes droites, des formes géométriques ou des courbes particulièrement sinueuses. Il suffit ensuite d'installer une variété ou une couleur de plantes particulière dans chacune des sections ainsi délimitées, pour obtenir un superbe effet de broderie végétale. Ces parterres deviennent grandioses s'ils sont agrémentés de topiaires et de pelouses.

CI-DESSUS : *destinés à la benne à gravats, ces carreaux en mosaïques de récupération sont du plus ravissant effet au milieu d'un massif.*

À GAUCHE : *ce parterre miniature borde une allée moderne, où circulent les voitures.*

À GAUCHE : *ces enjoliveurs de machines agricoles d'un autre âge donnent du relief et un grand intérêt visuel à une allée recouverte de gravier.*

Un « paillasson » en galets

Confectionnez ce petit « tapis » extérieur avec des galets, des fonds de pots en terre cuite et des vieux couvercles en porcelaine. Le motif, facile à reproduire, mettra un brin de fantaisie sur une surface carrelée. Un panneau en galets comme celui-ci doit être posé en même temps que le reste du carrelage. Consultez les instructions à la fin du livre si vous désirez reproduire fidèlement ce motif. Le panneau mesure 60 × 91 cm (2 x 3 pi).

PRÉPARATION

Commencez par préparer le sol. Le sol doit être creusé sur 10 cm (4 po), avec 5 cm (2 po) en plus au-dessous du niveau du carrelage. Si vous faites le travail vous-même, creusez sur 15 cm (6 po), aux dimensions du panneau. Mélangez à parts égales le sable et le ciment. Puis humidifiez légèrement à l'aide d'un arrosoir, jusqu'à obtenir un mélange sec qui s'effrite bien. Recouvrez toute la partie creuse avec ce mélange, jusqu'à 5 cm (2 po) de la surface. Rassemblez tous les matériaux dont vous avez besoin et disposez-les sur le ciment sec avant de commencer votre motif. À l'aide d'une pince de carreleur, découpez le fond des six pots en terre cuite et sectionnez les bords. Choisissez des galets et des morceaux d'ardoise assez longs pour être plantés sur 2,5 cm (1 po) au moins dans la couche de ciment.

ENTRETIEN

Protégez votre « paillasson » pendant trois jours sous une planche posée sur des briques et recouverte d'une bâche en plastique. Évitez de marcher sur le panneau pendant un mois pour que le ciment prenne parfaitement.

OUTILS ET MATÉRIAUX

Bêche
Sable pour remplir le paillason sur une profondeur de 10 cm (4 po)
Ciment
Pigment pour le ciment
Arrosoir
Eau pour le mélange
Règle plate
Assortiment de galets, de morceaux d'ardoise, de pots en terre cuite et de couvercles en porcelaine
Sable
Marteau
Brosse souple
Pince de carreleur
Planche pour recouvrir le panneau
4 briques
Bâche en plastique

1. *Préparez la couche de mortier en mélangeant, à parts égales, le sable et le ciment. Ajoutez le pigment et mélangez. Afin de pouvoir modifier le dessin au fur et à mesure, vous poserez le motif pendant que le mortier est encore sec. Mais le panneau doit être terminé en une journée car l'humidité va durcir le mortier.*

2. *Étalez le mélange sur la terre et lissez avec une règle plate, à niveau avec le reste du carrelage. Prélevez une petite quantité de mélange vers le centre pour qu'il ne déborde pas pendant que vous travaillez. Vous pourrez le réutiliser plus tard, si nécessaire.*

3. *En commençant par l'extérieur et en vous servant du marteau, enfoncez délicatement les galets, les morceaux d'ardoise et les rebords des pots en terre cuite pour dessiner la frise décorative extérieure.*

4. *Brossez le mortier en surface afin de bien remplir tous les interstices. Continuez à former le motif en posant les galets, les ardoises et la terre cuite vers le centre. Les couvercles en porcelaine apportent une touche de couleur vive aux quatre coins.*

5. *Utilisez les fonds de pots pour former le motif central qui contraste avec la bordure. Aplanissez parfaitement la surface avant de commencer. Découpez les morceaux de terre cuite à la bonne taille avec la pince de carreleur. Enfoncez-les à la bonne place avec le marteau. Une fois le motif terminé, passez la brosse pour égaliser la surface tout entière. Pour finir, arrosez le panneau en pluie fine. Le mortier durcira au fur et à mesure qu'il absorbera l'humidité.*

Détails décoratifs

Pour que la réussite soit complète, il faut accorder autant d'attention aux détails qui se trouvent au ras du sol qu'à tout autre endroit du jardin. Les surfaces pavées ne sont pas les seules concernées, les massifs pouvant également aussi bénéficier de quelques accessoires.

À DROITE : *les objets utilitaires ont aussi leur beauté. Cet assortiment de plaques d'égout disposées sur le sol présente un grand intérêt graphique.*

À GAUCHE : *ce superbe relief est composé de morceaux d'ardoise ancienne, plantés dans du ciment. Au printemps, quelques pieds de myosotis l'encadreront de bleu azur.*

À GAUCHE : *briques naturelles, briques émaillées et morceaux de pierres seront disposés ensemble pour constituer le plus beau des patchworks.*

Un petit cercle en galets

Cette composition toute simple à base de galets, de morceaux d'ardoise et de terre cuite pourrait animer n'importe quel coin du jardin.

OUTILS ET MATÉRIAUX

Sac de 5 kg (11 lb) de mélange sable-ciment

Eau

Truelle.

Morceaux d'ardoise, de terre cuite et galets

Morceau de bois et ficelle pour constituer un compas

1. *Préparez une surface circulaire et bien plane dans le jardin. Tracez le cercle à l'aide d'un compas (comme décrit p. 27).*

2. *Ajoutez assez d'eau au mélange de ciment pour obtenir une consistance friable. À l'aide de la truelle, étalez le ciment à l'intérieur du cercle.*

3. *Travaillez vite avant que le ciment prenne et enfoncez la bordure d'ardoise.*

4. *En allant vers le centre, disposez un cercle de morceaux de terre cuite, puis un autre cercle d'ardoises, enfin une « roue » de galets et de morceaux de terre cuite mélangés.*

L'HABILLAGE DES MURS

Ce sont les murs du jardin qui accueillent le visiteur. Sélectionnez les couleurs, les textures et les éléments décoratifs les plus séduisants.

PAGE DE DROITE : *ce panneau en céramique décore un mur, tel un tableau de maître dans un salon.*

Le choix des clôtures

Dans le jardin, les murs et les palissades ont un intérêt purement fonctionnel. Ils définissent les limites. Ils empêchent les enfants et les animaux domestiques de sortir, et les intrus d'entrer. En même temps, ils forment la structure verticale du jardin. Selon les circonstances, on peut soit les mettre en valeur, soit au contraire les camoufler. Dans la plupart des propriétés, le contraste est frappant entre le jardin situé devant et celui situé derrière la maison. Devant, on conserve un aspect ouvert et engageant, avec des clôtures légères et assez basses qui délimitent le jardin sans cacher la maison. Derrière, on se protège efficacement de la curiosité des voisins avec des écrans plus épais. Ces parois constituent aussi l'ossature qui va déterminer le plan du jardin.

Les murs en brique ancienne évoquent les grandes propriétés campagnardes d'antan. Ils ont l'air d'avoir toujours été là, même si le temps les a rendus friables. Et parce qu'ils emmagasinent et diffusent la chaleur, ils créent parfois un microclimat dans l'enceinte du jardin. Pierre, silex ou brique, les matériaux originaires de la région sont toujours les plus appropriés.

PAGE DE DROITE : *après la superbe floraison printanière d'une glycine, un rosier grimpant aux fleurs crémeuses sert de parure d'été à ce mur de brique et de silex.*

CI-DESSOUS : *une simple palissade en bois suffit pour clôturer efficacement un jardin. On peut la laisser nue ou adoucir ses lignes en l'habillant, comme ici, de quelques plantes grimpantes.*

Clôtures et divisions

À GAUCHE : *si les grilles en fer sont du plus bel effet pour séparer le jardin de devant de la rue, elles sont tout aussi jolies utilisées pour délimiter la propriété de campagne.*

Protéger l'intimité n'est pas toujours la priorité. Devant la maison, il est souvent préférable de conserver un espace ouvert et accueillant, tout en définissant les limites du jardin. Un mur bas, doublé de buis ou de troènes, ou une jolie haie fleurie, composée de lavande ou de fuchsias, peuvent tenir lieu de barrières légères. On peut aussi utiliser une palissade décorative en bois. Un alignement traditionnel de piquets peints en blanc ou assortis à la couleur des plantes a toujours fière allure. Dans les régions rurales où il est parfois dommage de cacher le paysage, on peut choisir des clôtures plus rustiques en branches alignées verticalement, ou disposées en X, à la manière d'un treillis très lâche. Le métal est un autre matériau de prédilection. La grille au garde-à-vous, telle un rempart, est idéale en ville, mais une clôture métallique plus ouvragée a une vocation ornementale, quel que soit le lieu. À l'intérieur du jardin, on installe parfois des divisions basses pour séparer certaines zones de plantation, isoler un coin réservé au repos ou encadrer un carré d'herbes aromatiques.

À GAUCHE : *une classique barrière blanche fait toujours beaucoup d'effet. L'alignement dentelé des piquets apporte une note élégante à n'importe quel décor.*

CI-DESSUS : *ces branches à l'état brut qui s'entrecroisent souplement disciplinent en douceur la vigueur d'une haie de rosiers.*

À GAUCHE : *le devant du jardin est joliment clôturé par cette grille ponctuée de ravissantes fleurs en fonte.*

Les entrées et les sorties

Selon l'endroit du jardin où elles sont placées, les portes remplissent des fonctions diverses et attirent plus ou moins l'attention. Celles de devant accueillent le visiteur et le guident vers l'entrée de la maison. Tout comme les clôtures, elles sont généralement assez basses et servent plutôt d'écran que de protection. Situées sur le côté, elles mènent vers l'arrière de la maison et doivent protéger des intrus. Elles sont donc plus solides en apparence et jouent un rôle différent dans la structure du jardin. On les emploie souvent pour briser la monotonie d'un mur, et le simple fait d'imaginer ce qu'elles pourraient dissimuler leur confère un charme particulier… Elles protègent aussi l'intimité du jardin et l'on se sent bien dans cet espace clos, où nul ne peut entrer sans notre permission.

PAGE DE DROITE : *cette très jolie porte en bois patiné orné de métal est particulièrement décorative dans un jardin.*

CI-DESSUS : *cette grille mène à une autre partie du jardin, ajoutant un intérêt visuel à un espace qui aurait paru banal s'il avait été complètement ouvert.*

CI-DESSUS : *dans une allée passante, cette simple barrière en lattes de bois s'ouvre sur un charmant jardin citadin miniature. La couronne de brindilles a été posée là, comme un avant-goût des délices cachés derrière.*

Le treillis

Dans un jardin, le treillis sert à tout. Habillé de plantes grimpantes et de lianes, il tient lieu de clôture. Il divise l'espace à l'intérieur du jardin et modifie les perspectives (vous en saurez plus en lisant le chapitre « Les éléments du décor et le mobilier »). Il sait décorer un mur ou lui donner de la hauteur quand on a besoin d'une plus grande protection. On apprécie son aspect décoratif lorsque les murs ou les palissades déjà en place manquent d'esthétique ou d'épaisseur. Inutile, dans certains cas, d'acheter un treillis classique et « prêt à poser » : une vieille grille, une fenêtre sans carreaux, un grillage métallique ou un entrelacs de tiges végétales peuvent très bien le remplacer. Ceux-là possèdent, en plus, l'avantage d'être beaux avant même que les fleurs grimpantes soient plantées. Mais avec une couche de peinture, le treillis le plus banal devient original et élégant.

CI-DESSUS : *un somptueux panneau grillagé en provenance des Indes et son cadre peint en vert-de-gris mettent parfaitement en scène deux urnes bleu pâle remplies de saxifrage.*

CI-DESSUS : *ce treillis peint permet de cloisonner une partie du jardin. C'est un support idéal pour les rosiers grimpants et les clématites. Il pourrait aussi servir de séparation entre deux propriétés.*

À DROITE : *un rosier miniature grimpe élégamment le long de cette vieille grille ouvragée en fer forgé.*

À DROITE :
ce treillis végétal en branchages, décoré d'un rosier grimpant, sert aussi de panneau décoratif. On y a accroché un cœur et une étoile en brindilles, et une lanterne en métal.

La couleur en plus

À l'intérieur de la maison, dès que les murs sont plâtrés, on éprouve le besoin de les décorer. À l'extérieur, bien des gens ont encore peur de la couleur et préfèrent s'en tenir aux tons naturels de la pierre, de la brique et du bois. Mais si vous venez d'acheter une clôture en bois ordinaire recouverte d'une couche de protection d'un roux bien vif, vous aurez sûrement envie de la repeindre immédiatement. La couleur fait partie intégrante d'un jardin à vocation décorative. Celle que vous choisissez peut non seulement créer l'ambiance, mais elle peut aussi rehausser celle des plantes. Un treillis que les fleurs grimpantes n'auront pas recouvert avant plusieurs mois gagne également à être peint.

En outre, la couleur sert à mettre en valeur un espace déterminé dont on veut rehausser la tonalité, ou celle des plantes qui s'y trouvent. Une clôture orange brûlé, par exemple, serait idéale en arrière-plan d'un massif de soucis, tandis que des piquets jaune vif égaieraient le jaune des pensées.

CI-DESSUS : *peindre d'une couleur pastel différente la palissade de sa propriété est aussi une manière de se démarquer de son voisin. Admirez combien le rose du bois est en harmonie avec celui des fleurs.*

À GAUCHE : *un mur et des meubles en camaïeu parviennent à créer un effet visuel très fort. Ce treillis bleu et le banc assorti se font déjà remarquer, avant même que les plantes y soient installées.*

Les surfaces et les clôtures peintes fournissent des taches de couleur toute l'année. Elles sont particulièrement bienvenues quand presque toutes les plantes ont disparu. C'est d'ailleurs le moment idéal pour les peindre de frais, en harmonie avec les fleurs qui naîtront au printemps prochain. Pas de préparation fastidieuse comme à l'intérieur de la maison : quand on peint du bois brut, une couche

À GAUCHE : *une frise décorative aux rayures éclatantes anime un simple mur blanc. Utilisez du ruban cache adhésif pour peindre des lignes bien droites et n'appliquez les feuilles au pochoir que lorsque les trois couleurs sont parfaitement sèches.*

colorée est vite appliquée, sans bouchage de trous ni ponçage savant. Lessivez simplement le bois pour le nettoyer et laissez sécher parfaitement avant d'appliquer la couleur. En revanche, si ce sont les murs de la maison que vous projetez de peindre, une bonne préparation est de rigueur.

CI-DESSUS :
le relief des briques donne de l'intensité à la peinture choisie.

Des idées à peindre

Les idées ne manquent pas, qu'il s'agisse de peindre le mur du jardin lui-même ou celui de la maison pour qu'il s'intègre au jardin. Jouez avec les couleurs, mais aussi avec les techniques. Superposez les nuances, essayez les effets de marbre, de pierre, d'ardoise ou de mousse en trompe l'œil. Utilisez le pochoir, le tampon à la pomme de terre, les dessins géométriques ou les motifs très simples. Tout est une question d'échelle. À 9 m de distance, ce qui est plus grand que la moyenne des pièces d'une maison, on contemplera le tableau de plus loin. Il faut donc l'agrandir en conséquence. Les effets de peinture seront moins subtils et les motifs plus grands.

CI-DESSUS : *ce traditionnel motif de damier est spectaculaire et ne risque pas de se démoder. En rouille et ivoire, il a été inspiré par l'Afrique ; en bleu indigo et blanc, il évoquerait la Provence. Il n'a même pas besoin d'être net et régulier ; au contraire, ses imperfections ajoutent à son charme. Si vous avez l'œil, peignez-le à main levée : délimitez d'abord ses contours avec une brosse mince, puis remplissez les carrés avec une brosse plus épaisse, surtout s'ils sont grands. Et si vous êtes perfectionniste, découpez un carré et utilisez-le comme pochoir en le reportant régulièrement sur toute la surface. Les plus téméraires couvriront un mur entier, les autres se contenteront du contour des fenêtres et des portes, ou d'une frise.*

CI-DESSUS : *ce tourbillon de feuilles a été imprimé avec un tampon en pomme de terre. Choisissez une silhouette simple, comme celle de ces feuilles de chêne, et dessinez-la sur la moitié d'une grosse pomme de terre avec la pointe d'un couteau. Découpez la pomme de terre tout autour du motif sur 8 mm (1/4 po) environ et tracez ensuite les nervures. Appliquez une couche de base assez claire sur le mur. Laissez sécher, puis chargez la pomme de terre d'une couleur plus soutenue, tamponnez d'abord sur du papier pour éliminer l'excédent de couleur, puis appliquez sur le mur.*

CI-DESSUS : *un effet de marbrure convient parfaitement à un mur extérieur. La surface doit être bien lisse et les veinures s'appliquent par-dessus une couche de base encore humide. On ajoute ensuite quelques touches de white-spirit pour estomper les lignes trop dures.*

CI-DESSUS : *les jolis citrons et limettes de nos régions méditerranéennes sont faciles à reproduire. Pour vous aider, utilisez le motif de la p. 153. Peignez les motifs de-ci, de-là, ou réalisez un trompe-l'œil en imaginant une étagère d'assiettes décorées de citrons.*

CI-DESSUS : *suggérez la patine des ans en superposant du jaune et du vert qui donneront un aspect moussu à un mur ou à un bâtiment à l'aspect peu engageant. Appliquez une première couche de vert moyen à foncé, puis une deuxième couche de vert pistache. Finalement, tamponnez un peu d'ocre sur toute la surface en tenant la brosse à la verticale.*

CI-DESSUS : *le lézard fait partie des nombreux symboles naïfs et traditionnels. Celui-ci, issu de l'art africain, présente des similitudes avec les motifs fétiches des Indiens d'Amérique. Son attrait vient-il de ce qu'il fait partie de notre mémoire collective, ou bien doit-il son charme à sa seule simplicité ? Dans tous les cas, un gros lézard peint sur le coin d'un mur ensoleillé dégage un charme très particulier. Utilisez le motif fourni à la fin du livre.*

Une remise très pimpante

On peut donner du caractère à la remise la plus ingrate, même lorsque ce n'est, ni plus ni moins, qu'un bloc de béton. Grâce à un peu de peinture et à quelques moulures, elle peut prendre des airs de « cabanon » miniature.

OUTILS ET MATÉRIAUX

Feuille de papier (prendre les dimensions du haut de la porte)
Crayon
Ciseaux
Aggloméré moyennement épais
Scie à chantourner ou scie sauteuse
Primaire acrylique pour bois
Brosse ordinaire
Peinture-émulsion bleue
Peinture à maçonnerie peu épaisse
Glacis acrylique
Eau pour faire les mélanges
Peintures acryliques bleu pâle, rouge, orange et jaune
Chiffons doux
Clous
Marteau
Brosse dure
Colle pour céramique extérieure
Assortiment de petites moulures en plâtre
Ruban adhésif pour travaux d'électricité
Épingles
Éponge naturelle
Brosse à tableau

1. *Dessinez un motif à l'orientale sur un morceau de papier, aux dimensions du haut de la porte. Prenez les mesures sur la porte même. Découpez et placez le gabarit sur le panneau en aggloméré et dessinez son contour. Découpez le panneau avec une scie à chantourner ou une scie sauteuse.*

2. *Appliquez une couche de primaire pour bois sur la porte et sur le contreplaqué et laissez sécher pendant une heure ou deux. Appliquez ensuite une couche de peinture bleue et laissez sécher trois heures.*

3. *Préparez un glacis en mélangeant le glacis acrylique, la peinture à maçonnerie et un peu d'eau jusqu'à obtention d'une crème épaisse. Colorez avec une petite quantité de peinture acrylique bleue. Appliquez une couche sur la forme découpée et sur la porte, dans le sens du grain du bois.*

4. *Essuyez rapidement le glacis au chiffon, de façon à estomper la couleur. Clouez le panneau découpé sur la porte et colorez la tête des clous en bleu pâle.*

5. *Nettoyez le mur à la brosse dure. Étalez la colle sur l'envers de chaque moulure et disposez-les sur le mur. Fixez-les avec du ruban adhésif électrique et des épingles en attendant que la colle sèche pendant la nuit.*

6. *Ôtez l'adhésif et les épingles, passez une couche de peinture à maçonnerie sur toute la surface du mur et laissez sécher six heures.*

7. *Versez du glacis dans trois récipients différents et colorez avec des peintures acryliques rouge, orange et jaune, jusqu'à obtention d'une texture moyennement crémeuse. Appliquez grossièrement la couleur à l'éponge en estompant les lignes trop dures. Essuyez l'excédent de peinture avec un chiffon.*

8. *Créez des marbrures à l'aide de la brosse à tableau. Laissez sécher quatre à cinq heures. Appliquez le vernis quand le mur est bien sec.*

Des fleurs associées par couleur

Donnez du caractère à votre jardin en assortissant la couleur des fleurs à celle des murs. C'est très pratique avec les potées fleuries dont le contenant peut être choisi, ou peint, en fonction de la couleur des murs, tandis que les plantes arborent une couleur complémentaire. Une fois les fleurs fanées, on peut les remplacer par d'autres annuelles saisonnières à fleurs. Ne choisissez pas systématiquement des teintes identiques : les complémentaires ou les tons contrastés peuvent faire aussi beaucoup d'effet. De cette manière, le jardin reste beau toute l'année.

À GAUCHE : *le vert bleuté taché de pourpre de ces choux d'ornement s'épanouit dans un vieux seau en fer-blanc, devant une palissade de la même couleur.*

CI-DESSOUS : *les clôtures peintes en gris-vert avec une pointe de bleu rehaussent toutes les nuances de feuillage, dont celui de cette véronique. La jardinière à rayures vertes reprend les couleurs de la plante.*

CI-DESSUS : *toujours réussi, le mariage du bleu et du vert parvient même à transformer en éléments décoratifs les outils de jardinage les plus rudimentaires. Cette vieille brouette peinte en bleu sur fond de mur azuré est belle à regarder et met parfaitement en scène de délicates pensées violettes.*

À GAUCHE : *un pavot jaune vif et des pensées jaune pâle resplendissent dans leurs pots dorés, encore réchauffés par l'ocre rouge d'un mur de brique.*

Une décoration personnalisée

Une fois que vous avez coloré les murs, il est temps de réfléchir à une décoration plus personnelle du jardin, avec des objets suspendus, des appliques, des consoles et des petites statues. D'ailleurs, tout ce qui supporte les variations climatiques peut trouver sa place au jardin : les cages à oiseaux et les mangeoires, les coquillages, les lanternes, les couronnes d'ajoncs ou de fil de fer accrochées aux murs ; et aussi les pots, les bouteilles, les paniers et les ustensiles émaillés ou galvanisés alignés sur des étagères.

À GAUCHE : *une applique en fonte sert de jardinière à un pied de marguerites miniatures qui jouent les timides devant l'exubérance d'un rosier grimpant.*

PAGE DE DROITE : *cette jolie statuette garnirait à ravir le mur d'une petite terrasse.*

CI-DESSOUS : *un assortiment de ferblanterie a trouvé une place de choix sur les murs de cette maison de campagne, et ses doux reflets mats s'harmonisent au vert des feuillages.*

De Beaux Atours

Ce sont les plantes qui habillent le jardin,
comme les tissus habillent la maison,
et elles sont capables des plus grands effets.
Drapez-les autour des fenêtres comme
des rideaux et jouez avec leurs couleurs
comme avec celles d'une tapisserie.

Page de droite : *le luxuriant rideau de verdure drapé autour de cette fenêtre peut rivaliser avec les étoffes d'ameublement les plus sophistiquées.*

La décoration par les plantes

Une fois la structure du jardin établie, à vous le plaisir de lui trouver une parure. À l'intérieur, vous commenceriez par du mobilier, des rideaux et des tapis. À l'extérieur, ce sont les plantes qui rendent le jardin attrayant. Sans elles, il paraît nu et sévère. Grâce à elles, il devient chaleureux et douillet. Cet aspect du décor est souvent le plus passionnant, car même si vos connaissances en jardinage sont limitées, chaque visite chez le pépiniériste pour la sélection saisonnière devient une vraie partie de plaisir.

C'est dans l'association des couleurs et des textures dont vous habillez vos massifs que se révèle votre créativité. Mais les massifs ne sont pas notre seul propos : il existe d'autres manières d'utiliser les plantes pour transformer un jardin ordinaire en un vrai jardin-salon. On peut draper des plantes grimpantes autour des fenêtres, accrocher aux murs des paniers remplis de fleurs, recouvrir les sols les plus ingrats de plantes tapissantes aux ravissantes couleurs, etc. On peut aussi cultiver un aspect plus sauvage et plus doux en habillant de verdure des meubles ou d'autres éléments décoratifs. Finalement, on peut jouer sur la mobilité des potées fleuries, que l'on dispose en certains points stratégiques du jardin pour attirer l'attention.

CI-DESSUS : *le visage pensif d'un angelot joufflu couronné de lierre met une note de charme au bord du toit de cette remise.*

À GAUCHE : *l'effet visuel créé par la silhouette imposante de ces jarres à huile grecques est à la fois adouci et souligné par la ligne élancée des tiges d'euphorbes et leur superbe vert-jaune brillant.*

PAGE DE DROITE : *cette statuette enchâssée dans son écrin de fleurs crée un effet très théâtral. Les roses, les digitales et les clématites tissent le plus joli des rideaux pour encadrer cette comédienne de pierre.*

Les plantes et leurs contenants

Le moyen le plus simple de mettre en scène les fleurs de saison consiste à les grouper ou à les superposer, ici et là, dans des pots en terre cuite et toutes sortes de contenants différents. Les plus simples enrichissent le décor grâce à leur silhouette et à leurs tonalités. Ils permettent de poser une touche colorée à l'endroit précis où vous la désirez. Il vous faut un zeste de couleur en hauteur ? Installez un porte-plante ou suspendez un panier au mur. Il manque un coloris dans un massif ? Déposez un pot de fleurs au milieu des feuillages. Vous pouvez même placer un petit pot sur un grand pour créer un effet de superposition.

CI-DESSUS : *ces pensées blanches dans leurs pots blanchis apportent un brin de poésie sur le rebord d'une fenêtre de serre.*

Rien n'égale la beauté naturelle des pots en terre cuite. Ils se fondent dans tous les décors et mettent toutes les plantes en valeur. Ils doivent être à l'épreuve du gel, sinon ils risquent de tomber en miettes durant l'hiver.

L'aspect des pots en terre cuite varie selon leur origine. Dans les pays du Nord de l'Europe, ils ont une tonalité plus rouge, qui s'atténue avec les années et la croûte de sels naturels qui finit par les recouvrir. On peut activer ce processus en les frottant à la chaux.

À GAUCHE : *très décoratifs, ces vases en porcelaine de Chine, hauts en couleur, s'accordent bien aux tons vifs des géraniums ou des pétunias. N'hésitez pas à enrichir le décor avec des statuettes du même style.*

CI-DESSUS : *pour revêtir cette fenêtre d'une somptueuse tenue de gala, on a installé une jardinière sur le rebord et fixé la seconde sur le devant. Les dianthus et les pétunias s'y épanouissent en une éclatante symphonie de roses et de violets, encore rehaussée par le mauve superbe des boules d'ail décoratives.*

À DROITE : *ces jolies grilles en fonte dissimulent les pots en plastique d'origine, dans lesquels on a laissé les plantes. Une idée pratique qui facilite encore les changements saisonniers.*

Mélangez un peu d'eau à la chaux afin d'obtenir une pâte épaisse que vous brosserez à la surface des pots. En séchant, les pots acquièrent une légère patine blanchâtre. Pour vieillir les pots en terre cuite, on peut aussi les badigeonner de yaourt nature et les entreposer dans un endroit sombre et humide où la moisissure naturelle se développe peu à peu, mais ce processus est bien plus long.

Les pots en terre cuite fabriqués dans les régions méditerranéennes ont un aspect bien différent de ceux du Nord de l'Europe. Les jarres grecques, par exemple, traditionnellement utilisées pour conserver l'huile d'olive et le grain, ont des silhouettes très élégantes et la couleur du sable blond. Certaines supportent bien le gel.

Ne limitez pas votre choix aux contenants traditionnels. Tout récipient est bon, si l'on peut faire un trou de drainage au fond : les demi-tonneaux en bois, les cache-pots en céramique, les vieilles cheminées, les seaux, les paniers de jardinage en bois. Avec un peu d'imagination, on peut aussi transformer toutes sortes de paniers, des cages à oiseaux ou des lanternes en jardinières suspendues et métamorphoser des bidons d'huile métalliques en jardinières.

CI-DESSUS : *certaines structures donnent de la hauteur à vos plantations, ce qui est très utile au printemps et en début d'été, quand les plantes sont encore peu développées. Cette colonne en métal, destinée aux ustensiles de cuisine, permet d'empiler des pots à différents niveaux.*

CI-DESSUS : *garnis d'une profusion de fleurs blanches, ces pots en terre cuite tout à fait ordinaires sont remarquablement décoratifs accrochés à un mur.*

Une jardinière joliment décorée

Une jardinière donne à une fenêtre un petit air raffiné et charmant, et fait entrer la nature jusque dans la maison. Sa surface plate peut être plus facilement décorée que celle d'un pot circulaire. Ces coquilles de moules s'harmonisent bien à un camaïeu de mauve et de bleu lavande. Jouez avec les formes en plaçant certaines coquilles à l'endroit et d'autres à l'envers.

OUTILS ET MATÉRIAUX

Petite jardinière en terre cuite
Coquilles de moules
Pistolet à colle et bâtonnets de colle à chauffer
Morceaux de pots en terre cuite ou gravier
Terreau
Pelle
Granulés qui retiennent l'humidité
Granulés de fertilisant
2 pieds de lavande
Barquette de pensées
Arrosoir

1. *Quand vous avez disposé les coquilles selon le motif qui vous plaît, fixez-les à l'aide du pistolet à colle.*

2. *Posez les morceaux de pots en terre cuite ou le gravier sur les trous de drainage au fond de la jardinière.*

3. *Remplissez la jardinière de terreau à mi-hauteur et incorporez les granulés.*

4. *Disposez les pieds de lavande à l'arrière de la jardinière et tassez du terreau devant pour surélever le niveau avant de planter les pensées.*

5. *Tassez du terreau autour de chaque plante et arrosez abondamment.*

Les jardinières suspendues

Si vous avez besoin de couleur en hauteur ou près des murs, plantez des mini-jardins suspendus dans des paniers ou des contenants fixés au mur. Les paniers destinés à cet effet permettent aux plantes de retomber en cascades de couleur et de recouvrir toute la surface. Essayez aussi d'intégrer au décor le contenant lui-même, en utilisant toutes sortes de récipients : des vanneries ordinaires, des seaux, des ustensiles agricoles ou trouvés dans la cuisine, comme des passoires ou des casseroles. S'ils sont grands, et par conséquent assez lourds, remplacez une petite quantité de terreau par des morceaux de polystyrène (récupérés dans un emballage). Placé au fond, celui-ci est bien plus léger et offre un drainage parfait. Tous les contenants doivent être percés pour assurer un bon drainage. N'oubliez pas non plus de doubler le fond des paniers pour éviter que la terre ne s'échappe lors de l'arrosage : un morceau de plastique découpé à la bonne taille et dissimulé par une bordure de mousse est parfaitement efficace. Il existe aussi, dans le commerce, des doublures en pulpe de papier ou en fibres de noix de coco, dans une variété de tailles et de formes adaptées à tous les paniers suspendus.

Quel que soit le contenant, il doit être rempli de terreau de qualité. Des granulés d'engrais et des rétenteurs d'humidité contribuent à assurer un bon développement.

CI-DESSUS : *les objets les plus inattendus peuvent abriter des plantes, comme cette jolie lanterne en provenance du Moyen-Orient. Garnie de pots en terre cuite plantés de lierre panaché, elle se transforme en une jardinière suspendue aussi surprenante que décorative.*

CI-DESSUS : *des mangeoires miniatures, fixées sur un mur, l'une au-dessus de l'autre, forment une colonne de couleurs vives dans une toute petite cour-jardin.*

CI-DESSUS : *cette version humoristique du « panier suspendu » est composée d'une cage à oiseaux trouvée aux Indes et de plantes en pot. Accrochée dans un mûrier, elle suggère une floraison printanière avant même que le feuillage pousse.*

Un panier fleuri pour l'été

Les paniers suspendus enjolivent le plus petit des jardins tout l'été. Avec leurs cascades de fleurs multicolores, ils illuminent les murs, les vérandas, les balcons, et répandent un doux parfums si le choix des plantes est judicieux. Plantez-les tôt au printemps, juste après les dernières gelées, pour qu'ils aient le temps de se développer.

OUTILS ET MATÉRIAUX

Panier à suspendre avec des chaînes ou de la ficelle
Fond en fibres de noix de coco
Terreau
Pelle
Granulés qui retiennent l'humidité
Granulés d'engrais
6 pieds de lierre panaché
2 pieds de diascia
6 pieds de verveine
Eau
Arrosoir

1. *Posez la doublure en fibres de noix de coco au fond du panier, remplissez de terreau à mi-hauteur, ajoutez les granulés d'engrais et rétenteurs d'eau en respectant les quantités indiquées.*

2. *Séparez bien les pieds de lierre et faites passer les tiges au travers des mailles du panier, sur tous les côtés. Installez un pied de diascia à chaque extrémité, puis les verveines.*

3. *Ajoutez du terreau et tassez bien autour des plantes et sur les côtés, pour qu'elles soient parfaitement calées. Arrosez abondamment et suspendez.*

Petits tableaux champêtres

Inventez des petites mises en scène, des « mini-jardins » à l'intérieur du jardin. Au départ, il faut trouver un thème : les herbes aromatiques, par exemple, ou bien les pensées, les légumes miniatures ou la lavande. Procurez-vous ensuite plusieurs variétés d'un même végétal et plantez un seul pied par pot. Peut-être opterez-vous pour un thème « contenant » : vous choisirez alors de tout planter dans des arrosoirs, des cssseroles, des passoires, des ustensiles émaillés ou des pots en terre cuite de formes et de tailles variées. Voici encore une autre idée : un jardin classique miniaturisé, inspiré du style français ou italien. Pour le réaliser, installez une petite statue qui sera son centre d'intérêt ; formez une petite haie en taillant des pieds de buis et remplissez de lanvande naine.

À GAUCHE : *dans ce vieil évier en plomb, on a planté un jardin de légumes miniatures avec deux variétés de laitue et une seule de menthe, dont on a tempéré l'exubérance en la laissant dans son pot d'origine. La variété des textures est agréable à l'œil.*

À GAUCHE : *les jardins de thym remontent à la nuit des temps. Leur arôme est irrésistible, et il en existe une variété infinie, dont les feuilles sont toutes différentes, de la plus ronde à la plus fine, avec des textures lisses ou cotonneuses et une déclinaison de verts, du plus argenté au plus sombre. Toute la difficulté consiste à bien les choisir de façon à obtenir un bel effet de tapisserie. En les installant dans des pots en terre cuite de petite taille, on appréciera mieux la petitesse des feuilles ou la variété des textures.*

À DROITE : *ce jardin en terre cuite a pour centre d'intérêt deux grands pots assez étroits remplis d'hostas, de lierre et de clématites sans tuteur, qui serpentent plutôt qu'elles ne grimpent. Les grilles de drainage et les bordures dentelées enrichissent encore la mise en scène.*

CI-DESSOUS : *ces arrosoirs en rangs serrés ont les superbes reflets mats de la tôle patinée par le temps. Plantés d'hostas et de pensées, ils forment un ravissant tableau plein d'originalité dans un coin du jardin.*

Une pépinière mise en bottes

Les boutures sont en soi très décoratives. Prélevez-les dans vos semis, pour les planter dans des boîtes en aluminium fixées sur une planche. Elles continueront à se développer, protégées des dernières gelées, jusqu'à leur installation au jardin. Les boîtes en aluminium ordinaire sont parfaites, mais si vous aimez la couleur, explorez les épiceries exotiques, cela vous donnera peut-être l'occasion de savourer aussi quelques délices inconnus.

OUTILS ET MATÉRIAUX

Planche de 30 × 60 cm (12 x 24 po) environ
Peinture sous-couche
Peinture brillante bleu vif
Brosse ordinaire
Ouvre-boîte
Assortiment de boîtes en aluminium, vides et sans étiquette
Ciseaux à métaux
Pince à découper
Clous
Marteau
Poignée de semences (clous en pointes à tête plate)

1. *Appliquez une sous-couche, puis une couche de peinture brillante sur la planche. Laissez sécher entre les deux applications.*

2. *Ouvrez les boîtes à l'aide de l'ouvre-boîte (si cela n'a pas déjà été fait) et ôtez les étiquettes. Lavez soigneusement les boîtes.*

3. *À l'aide de ciseaux à métaux, ouvrez les boîtes en deux dans le sens de la longueur et découpez la moitié du fond.*

4. *Ouvrez les côtés avec la pince et découpez un triangle. Percez le fond de chaque boîte à l'aide d'un clou et d'un marteau.*

5. *Disposez les boîtes sur la planche, puis fixez-les en plantant une semence à chaque pointe.*

Dea
Dea
Dea
White Tower
ΟΜΟΣΠΟΝΔΙΑΣ
OMOSPONDIAS
THESSALONIKI
GREECE - GRIECHENLAND

L'art de la mise en scène

Le jardin le plus réussi n'est pas toujours celui créé par un jardinier expérimenté. Il suffit d'un peu d'imagination pour donner à la plante la plus ordinaire des allures exotiques, en la plantant ou en la taillant d'une manière originale. On trouve chez une majorité de pépiniéristes des arbustes préformés. À vous d'y ajouter votre style.

Le topiaire est de nouveau à la mode et, cette fois, il ne se limite pas aux jardins de style classique. Les buis et les troènes cultivés en pots conservent des dimensions tout à fait modestes. On peut les tailler en forme de boules ou de cônes.

À GAUCHE : *un hydrangea-tige peut très bien vivre en pot sur un balcon. Il a la silhouette d'un petit arbre, et vous pouvez jouir de sa somptueuse floraison sans craindre qu'il n'envahisse tout l'espace.*

À GAUCHE : *plutôt que de laisser ce rosier partir à l'assaut d'un mur ou d'un treillis, on l'a fait grimper le long d'un obélisque. Les tiges qui poussent à la diagonale le rendent encore plus décoratif.*

À GAUCHE : *des petits arbustes taillés en topiaire peuvent être groupés ou stratégiquement placés en bordure d'allées, entre les massifs, ou pour délimiter certaines sections du jardin.*

À GAUCHE : *nul besoin de priver un petit jardin d'arbres fruitiers. Ce pommier, harmonieusement palissé, est flanqué de deux pommiers d'ornement taillés en colonnes. Le cœur en raphia ajoute une touche de poésie.*

Les Éléments du Décor et le Mobilier

Les remises, les arceaux,
les claustras et les rayonnages
composent la structure de base du jardin.
Ajoutez quelques meubles
choisis avec soin et profitez
pleinement de la vie au grand air.

PAGE DE DROITE : *cette gracieuse allée bordée d'arbres fruitiers guidés sur des arceaux mène à un bassin entouré de buis taillés en dômes.*

Les claustras et les arceaux

Les arceaux, les tonnelles, les pergolas, les claustras qui divisent l'espace, les remises à outils et les cabanes ont leur place dans le plus petit des jardins. Tandis que les surfaces pavées et les massifs orchestrent le paysage, ce sont ces éléments verticaux qui le charpentent et modulent son apparence. Les petites constructions verticales et les pergolas sont installées en bordure ; les arceaux recouverts de roses, les passages et les claustras servent à diviser le jardin en plusieurs parties. Ils créent des perspectives, suggèrent d'autres espaces car, même dans un jardin tout petit, le simple fait de voir « au-delà » repousse les limites par un effet d'optique. Si votre but est de clore un coin de jardin pour y installer une table ou un potager, le claustra est le plus pratique. On trouve des panneaux de toutes les dimensions et de toutes les formes, offrant d'infinies possibilités : rectangulaires, pointus en haut, convexes, concaves ou pourvus d'ouvertures. La touche finale est donnée par un ornement en forme de boule, de gland, d'ananas ou d'obélisque.

Ne dissimulez pas toute une section du jardin pour améliorer la perspective. Un simple arceau habillé de roses enjambant une allée peut créer l'effet désiré. Procurez-vous un arceau en métal ou bien construisez une pergola avec des bastaings chapeautés par une rangée de chevrons plus ou moins longs. Certaines plantes peuvent former un arceau naturel : plantez, par exemple, un arbre très jeune de chaque côté d'une allée, puis attachez-les par le sommet pour qu'ils poussent en arceau.

CI-DESSUS : *les claustras servent à isoler différentes sections du jardin pour donner une illusion d'espace ou pour mettre un élément en valeur. Les panneaux en treillis existent dans une grande variété de tailles et de formes. Un détail ornemental en forme de boule ou d'obélisque ajoute une note raffinée. Une fois peints, ils sont encore plus décoratifs.*

CI-DESSUS : *ces jeunes sapins ont été guidés sur une charpente métallique afin de constituer ce qui deviendra bientôt un arceau spectaculaire au-dessus de cette allée de gravier.*

À GAUCHE : *un jardin de campagne ne saurait se passer d'un arceau habillé de rosiers grimpants. Car, en plus d'un nuage féerique de fleurs légères, il offre une illusion d'espace indéfinissable.*

Les passages, les pergolas et les tonnelles

L'arceau permet de diviser l'espace, mais peut aussi marquer l'entrée d'un passage. Si vous jouissez d'un grand jardin, l'aménagement d'un passage abrité procure un plaisir infini. Comme dans le jardin d'un cloître, on éprouve un sentiment de sérénité à flâner sous un tunnel de feuillage, à peine infiltré par la lumière. Et même dans le plus petit des jardins, un simple passage de verdure crée une délicieuse illusion d'évasion.

La meilleure solution, si vous manquez de place, consiste à installer un arceau très large, ou bien un long et sinueux couloir d'un côté du jardin, constitué de plusieurs arceaux en métal ou de structures en bois. La sensation est encore plus grande si ce couloir débouche sur une porte, une grille ou une ravissante statue, comme dans les grands jardins classiques, où ce type de mise en scène est soigneusement organisé. Dans une interprétation plus modeste, vous pouvez prétendre à un résultat satisfaisant avec un bel arbuste en pot ou une jardinière débordant de fleurs qui offriront une ravissante diversion au promeneur en quête d'étonnement.

Dans le même ordre d'idées, la pergola est un lieu couvert, accoté, en principe, à l'un des murs de la maison. Ces ravissantes « pièces à l'air libre » recouvertes de feuillage offrent un lieu de transition entre l'intérieur et l'extérieur. Un jardin, même tout petit, mérite sa pergola. Elle sert de « salle à manger d'été », et abrite également des regards indiscrets, lorsqu'il s'agit d'un immeuble en terrasses.

La tonnelle habillée de verdure structure le jardin sans tenir beaucoup de place. Dressée contre un mur, elle offre un endroit agréable et abrité du soleil, où l'on peut s'asseoir, se détendre, lire ou bavarder avec ses amis. Réduite à sa plus simple expression, la tonnelle peut être constituée par des plantes grimpant le long d'un mur et guidées en arceau au-dessus d'un banc de jardin. Mais une structure plus permanente n'est pas difficile à construire.

À GAUCHE : *entourée de verdure et ombragée par un toit de chèvrefeuille, cette tonnelle a pour toile de fond un superbe mur en brique et en silex. En s'intégrant à l'un des éléments architecturaux du jardin, elle acquiert une authenticité naturelle. Le banc et la table rustiques, patinés par les intempéries, restent dehors toute l'année et se fondent complètement dans le paysage.*

CI-DESSUS : *cette cascade de cytises inonde le passage de sa lumière dorée.*

CI-DESSUS : *ce passage recouvert d'une structure métallique en forme de pagode donne une tonalité orientale au jardin. Tout au fond, des jarres anciennes, rapportées de Grèce, encadrées par le vert lumineux des euphorbes et des alchémilles, attirent tous les regards.*

À DROITE : *de simples bastaings forment l'ossature de cette pergola, mais dès que les feuillages la recouvrent, elle se transforme en salon de plein air, décoré d'un mur de verdure.*

Une tonnelle en treillis

Une tonnelle permet d'introduire un élément architectural dans un petit jardin, et celle-ci n'est pas plus difficile à installer qu'une palissade. Elle est composée de panneaux en treillis et revêtue d'une teinture extérieure très décorative, assortie à celle du banc. Le résultat est charmant.

OUTILS ET MATÉRIAUX

Panneaux de treillis (à la diagonale) dans les dimensions suivantes : 3 panneaux de 60 x 183 cm (2 x 6 pi), 2 panneaux de 30 x 183 cm (1 x 6 pi), 1 panneau concave de 46 x 183 cm (1 1/2 x 6 pi) et 1 panneau de 91 x 183 cm (3 x 6 pi)
6 bastaings de 7,5 x 7,5 cm (3 x 3 po) et de 2,2 m (7 pi) de long
Scie
6 supports métalliques avec tige : 7,5 x 7,5 cm (3 x 3 po) et 76 cm (2 1/2 pi) de long
Maillet
Clous en acier galvanisé de 10 x 5 cm (2 po)
Marteau
Perceuse électrique avec une mèche n° 8 et un embout à tournevis
Vis en acier trempé de 40 x 3 cm (1 1/4 po) n° 10
Bidon de 2,5 l (1/2 gallon) de teinture extérieure
Petit pinceau

1. *Rassemblez les panneaux de treillis et faites un premier montage sans fixation pour organiser votre travail. Deux des panneaux de 60 x 183 cm (2 x 6 pi) forment les côtés, le troisième forme le toit. Les deux panneaux étroits et le concave se placent devant, tandis que le panneau de 91 x 183 cm (3 x 6 pi) s'installe en haut, à l'arrière. Coupez les bastaings à la longueur voulue, c'est-à-dire 183 cm (6 pi), plus la profondeur du « sabot » métallique surmontant la tige qui les maintient en place.*

2. *Commencez par le panneau arrière. Les bastaings doivent être placés à 183 cm (6 pi) d'écart. Indiquez leur position au sol, puis enfoncez un support métallique à l'aide du maillet. Plantez un bastaing coupé à la bonne taille dans chacun des supports. Clouez temporaire-ment le panneau à l'extrémité des bastaings puis, avec la perceuse et la mèche n° 8, faites des trous à intervalles réguliers le long des deux côtés du panneau. Serrez les vis.*

3. *De la même manière, positionnez les bastaings des côtés extérieurs et fixez les panneaux des côtés, puis les bastaings des côtés intérieurs et fixez les panneaux du devant et le panneau concave. Finalement, installez le toit et vissez-le aux bastaings. Appliquez une couche de teinture et laissez sécher.*

Jeux d'eau

Dans un jardin, c'est l'eau qui joue le plus joli rôle. Qu'elle coule goutte à goutte, ruisselle ou murmure, son bruit mélodieux invite à la détente, et il y a de la magie dans ses reflets changeants. La taille du bassin importe peu, et la cour la plus minuscule a droit à son point d'eau, fût-il simple tuyau éclaboussant des galets. Il peut s'agir aussi d'une fontaine miniature qui surgit des cailloux, ou d'une fausse mare, plus vraie que nature, au cœur d'un jardin campagnard.

CI-DESSUS : *ce bassin d'inspiration orientale, aux formes très géométriques, constitue le pôle d'attraction d'un petit jardin citadin.*

Quant au bassin classique, il adopte toutes les formes : en T, circulaire ou rectangulaire. Quel que soit votre choix, préférez une eau vive qui ne stagne pas, quitte à faire installer une pompe électrique pour qu'elle circule et se recycle. On peut placer une pompe submersible au fond d'un bassin ou installer une fontaine murale tout équipée. Pensez à faire installer l'électricité près du point d'eau avant de paysager votre jardin ou de poser les surfaces pavées.

À GAUCHE : *cette fontaine s'intègre à l'architecture du jardin. Elle est fixée au mur, au creux d'une arche en brique tapissée de galets pour enrichir encore sa texture.*

Une fois l'électricité installée, tout bricoleur peut mettre en place un bassin, surtout en utilisant un fond prêt à poser. On trouve dans le commerce un grand choix de fonds en fibre de verre moulée ou des grandes bâches en vinyle souple, encore plus discrètes. Quand le fond est placé, les rebords peuvent être dissimulés par des cailloux, des galets et de la verdure.

La proximité d'un arbre n'est pas le meilleur emplacement pour un bassin, car les feuilles d'automne en décomposition risquent de polluer l'eau. Si vous avez des enfants en bas âge, choisissez une mare peu profonde (de l'eau sur des galets, par exemple), car les tout-petits peuvent se noyer dans quelques centimètres d'eau. Si votre bassin est grand, remplissez-le de galets que l'eau viendra éclabousser. Vous les enlèverez quand les enfants auront grandi.

À DROITE : *avec son jet d'eau et son angelot de pierre, cette petite fontaine a décidément tout d'une grande.*

Une mini-mare dans une jarre

Cette petite mare et son nénuphar ont élu domicile dans un pot vernissé et mettent un brin de poésie au milieu d'un massif.

OUTILS ET MATÉRIAUX

Grand pot vernissé d'au moins 40 cm (15 po) de profondeur
Nénuphar miniature

Choisissez un pot sans trou au fond. Remplissez d'eau à moitié. Placez au fond le nénuphar dans son pot et remplissez d'eau.

Le rangement

Quand on jardine, on accumule nécessairement tout un bric-à-brac d'outils, de pots et de jardinières, de sacs de terreau, de raphia, de ficelle et de graines, ainsi que des paniers encombrants. Dans la plupart des jardins, c'est dans la remise que l'on abrite les outils et l'équipement. Dans le jardin le plus petit, on arrive toujours à intégrer une mini-remise dans un coin, ou un placard à outils peu encombrant d'au moins 30 cm (12 po) de profondeur. Une fois peinte et enjolivée, la remise se fond dans son environnement, se transformant même en élément décoratif.

L'autre solution consiste à tout mettre en évidence : des pots en terre cuite, par exemple, groupés sur des étagères à l'épreuve des intempéries, composent une intéressante nature morte. C'est un bon choix dans un petit jardin ou sur un balcon, où l'on est aussi confronté aux problèmes pratiques. Au lieu d'acheter des étagères, fabriquez-les avec du bois de construction et de la peinture intérieure-extérieure de qualité. Une couche de peinture automobile, ou de peinture spéciale pour métaux, qui peut s'utiliser directement sur la rouille, donne un coup de neuf à une étagère métallique. Fixez fermement les étagères à un mur, hormis celui de la maison pour éviter les problèmes d'humidité. Sur ces rayonnages, exposez des objets, rangez des outils ou faites germer des graines : toutes les nouvelles pousses, bien alignées dans leurs pots en terre cuite formeront un charmant tableau.

À GAUCHE : *cette charmante étagère en fil de fer, où s'enroule une clématite, joue un rôle à la fois ornemental et fonctionnel puisqu'on peut y ranger des pots, de la ficelle, un sécateur et du fil de fer.*

À GAUCHE : *comme il n'y avait de place ni pour une serre, ni même pour un châssis froid dans ce minuscule jardin de 6 m² (20 pi²), on a fixé une série de tablettes à l'extérieur d'une fenêtre de la maison. Fermée par deux panneaux vitrés ouvrant vers l'extérieur, cette mini-serre abrite efficacement les semis dont on peut s'occuper dehors comme dedans. Sur les rayonnages installés dessous sont entreposées les plantes déjà solides.*

CI-DESSUS : *cet assortiment de pots en argile s'empile avec bonheur sur un présentoir peint en bleu.*

CI-DESSUS : *dans la maison ou dans le jardin, une étagère peut être uniquement décorative. Sur cette étagère bleue posée sur des consoles, on a simplement aligné des galets.*

À GAUCHE : *cette rangée de semis en pots s'étire au soleil sur une étagère de boulanger.*

Le mobilier de jardin

Avec le mobilier de jardin, on peut à la fois installer un coin repos et structurer le paysage. Le traditionnel banc de pierre traverse allègrement le temps, bien qu'il ne soit pas fait pour changer régulièrement de place. Ses pieds aux allures de balustres ont des qualités architecturales certaines, mais cette petite merveille n'est pas à la portée de toutes les bourses. Quelques bancs de bois peuvent cependant jouer un rôle similaire en acquérant, avec le temps, une patine gris-vert qui leur confère une certaine pérennité dans le paysage du jardin.

Un banc solitaire est l'image même de la sérénité, car il incite toujours plus au repos et à la contemplation qu'au bavardage. Plus conviviale, la « conversation », ce siège en forme de S dont les occupants se font face, est tout à fait propice au dialogue. En groupant des tables et des chaises, on organise la vie au jardin : les dîners en famille, le thé ou l'apéritif entre amis, les fêtes. Si le mobilier est destiné à rester dehors en permanence, il doit être en bois, en métal ou en plastique. Le rotin et l'osier sont très décoratifs, mais supportent plutôt mal les rigueurs climatiques.

À GAUCHE : *une couche de peinture bleu pervenche… et ce joli banc connaît une nouvelle jeunesse. Sa couleur s'harmonise à merveille avec les cascades mauves d'une glycine superbement fleurie.*

CI-DESSUS : *les lignes élégantes et légères de cet ensemble en fer forgé inspiré des meubles de jardin du* XIXe *siècle connaissent, aujourd'hui, un regain de popularité.*

À GAUCHE : *ce type de mobilier en fonte, richement orné et très populaire au siècle dernier, est fort recherché aujourd'hui. En raison de son prix très élevé, on le trouve plutôt dans les lieux publics que chez les particuliers.*

À DROITE : même si le temps l'a défraîchi, ce vieux fauteuil en osier, repeint il y a quelques années avec de la peinture pour automobile en bombe en deux tons de bleu différents, a gardé son air confortable et accueillant.

Une table de jardin en mosaïque

Cette superbe table en mosaïque est composée de morceaux de carreaux et de pots en faïence ébréchés et cassés. Ses couleurs parfaitement coordonnées et son motif très simple en font un meuble de jardin idéal, à la fois esthétique et fonctionnel. Bien qu'elle ne craigne pas l'humidité, rentrez-la en période de grosses pluies et en hiver.

PRÉPARATION

Pour tracer le cercle, fabriquez un compas à l'aide d'un morceau de ficelle auquel vous aurez attaché une punaise à une extrémité et un crayon à l'autre. La ficelle doit mesurer 60 cm de long (2 pi). Enfoncez la punaise au centre du contreplaqué et tracez le cercle.

OUTILS ET MATÉRIAUX

Planche de contreplaqué de 25 mm (1 po) d'épaisseur et de 120 cm (4 pi) de diamètre
Ficelle
Crayon à papier
Punaise
Peinture primaire pour bois
Pinceau
Collection de morceaux de faïence
Pince de carreleur
Colle à carrelage
Barbotine
Pigment pour colorer la barbotine (facultatif)
Gants en plastique
Gros pinceau
Brosse
Chiffon

1. *Dessinez le motif sur la plaque en contreplaqué et raccourcissez la ficelle du compas pour tracer des cercles concentriques.*

2. *Appliquez une couche de primaire pour bois et respectez le temps de séchage prescrit par le mode d'emploi.*

3. *Cassez les morceaux de faïence à la pince et disposez-les sur le contreplaqué en respectant le dessin.*

4. *Mélangez la colle à carreler en suivant bien le mode d'emploi et étalez sur l'envers de chaque morceau avant de le fixer à sa place.*

5. *Une fois le motif complété, mélangez la barbotine et le pigment si vous souhaitez obtenir une couleur. Après avoir enfilé les gants, faites bien pénétrer la barbotine entre les morceaux de faïence. Finissez ce travail à la brosse, puis nettoyez la surface au chiffon.*

Une console de jardin

Une fois repeinte avec de la peinture extérieure, cette console peut sortie au jardin. Pour s'amuser, on peut la décorer comme au salon ; on y posera les verres ou les plats de service au moment du repas.

OUTILS ET MATÉRIAUX

Console
Papier de verre moyen
Peinture acrylique blanche pour bois
Pinceau de 5 cm de large (2 po)
Peinture à maçonnerie
Peinture acrylique terre cuite et rose
Petit pinceau
Peinture à maçonnerie fine
Glacis à l'eau
Eau pour diluer
Chiffon
Feuille de papier-calque
Crayon à papier
Carton à pochoir
Cutter
Brosse à pochoir
Vernis polyuréthane

1. *Poncez les surfaces. Passez une couche de peinture blanche. Laissez sécher. Colorez la peinture à maçonnerie avec de la peinture terre cuite et appliquez une couche de base. Laissez sécher pendant six heures.*

2. *Teintez la peinture à maçonnerie fine avec la peinture acrylique rose et diluez avec le glacis et l'eau. Appliquez une couche et essuyez au chiffon dans le sens du grain. Laissez sécher.*

3. *Décalquez le motif de feuille à la fin du livre et reportez-le sur le carton à pochoir. Découpez. Peignez les feuilles au pochoir sur la console, en ton terre cuite. Laissez sécher, puis vernissez.*

Le confort avant tout

En été, rien n'est plus agréable que de se prélasser au jardin dans des sièges moelleux dont le dossier se règle à volonté. Les premières chaises longues en lattes de bois participaient au confort des voyageurs au long cours. Les plus modernes en bois, en métal ou en plastique, sont souvent revêtues de coussins capitonnés. Un autre genre de lit d'appoint : le hamac, qui oscille doucement entre deux arbres. Dans cette ligne « douce », nous inclurons également le siège en toile, de type transat, le fauteuil de metteur en scène et, pourquoi pas, l'épais plaid écossais et le coussin en toile à dosseret qui rendent le pique-nique tellement plus confortable.

À DROITE : *ce hamac suspendu entre deux arbres est un endroit rêvé pour paresser pendant une longue journée d'été.*

CI-DESSUS : *garni d'un coussin et complété par un repose-pieds, le plus élémentaire des fauteuils en bois invite à la détente. Pour compléter ce décor paisible, posez un pot de fleurs sur la table d'appoint.*

CI-DESSUS : *cette chaise de style Louis XIV est tapissée, non sans humour, d'un morceau de toile cirée.*

Des transats très décoratifs

Le transat est le siège de jardin par excellence. On peut le rénover très facilement. Bien sûr, vous pouvez acheter de la toile rayée pour retaper votre transat, mais pourquoi ne pas faire encore mieux : peindre vous-même des motifs sur de la toile unie ? C'est un jeu d'enfant, même si vous ne vous êtes jamais considéré(e) comme un as du pinceau. L'un de ces motifs a été dessiné au pochoir, l'autre est la silhouette d'un oiseau reproduite dans les dernières pages de ce livre.

OUTILS ET MATÉRIAUX
POUR LES « OISEAUX DES INDES »

Transat
150 cm (5 pi) de grosse toile
Teinture extérieure pour le bois du cadre
Petit pinceau
Papier-calque
2 crayons à papier : 1 gras et 1 sec
Feutres à tissu en rouge, vert, violet, jaune et bleu
Règle
Ruban cache adhésif
Fer à repasser
Pattemouille
12 gros clous à tapisserie à tête bombée

OUTILS ET MATÉRIAUX
POUR LE MOTIF « TAPIS » AU POCHOIR

Transat, grosse toile et teinture comme pour le projet précédent
Petit pinceau
Pochoir prêt à l'emploi
Ruban cache adhésif
Brosse à pochoir
Peinture à pochoir rouge, ocre, vert olive, bleu turquoise
Papier journal
Fer à repasser
12 gros clous à tapisserie à tête bombée

LES « OISEAUX DES INDES »

Lavez, rincez, faites sécher et repassez la toile afin d'en ôter tout l'apprêt. Enlevez la vieille toile et teignez le bois avec la teinture extérieure. Décalquez l'oiseau puis frottez l'envers du motif avec le crayon à papier gras. Posez le calque sur la toile et retracez le dessin avec le crayon à papier à mine sèche. Colorez les oiseaux au feutre. Pour la frise extérieure, mesurez 2 cm (3/4 po) le long de chaque bord, tirez un trait et collez le cache adhésif le long de cette ligne. Dessinez une ligne ondulée de haut en bas, puis remplissez les creux en laissant parfois apparaître un soupçon de toile. Répétez la même opération pour la frise intérieure : commencez par coller le cache adhésif le long d'un côté, puis de l'autre. Fixez ensuite la couleur en repassant à la pattemouille à fer très chaud pendant deux minutes. Fixez fermement la toile avec les clous en haut et en bas du cadre.

À GAUCHE :
de la teinture pour bois, un métrage de toile de couleur vive, et quelques feutres pour tissu suffisent à faire du neuf avec du vieux.

LE « TAPIS » AU POCHOIR

Préparez le cadre et la toile du transat comme pour le précédent. Le motif se décompose en trois parties : le motif central, puis une petite pointe de flèche et finalement un X souligné d'un trait en haut et en bas. Le X et les traits mis bout à bout constituent la bordure. Les pointes de flèche sont à l'intérieur et les trois grands motifs sont disposés au centre. Déterminez les emplacements avant de commencer. Fixez le pochoir avec du cache adhésif et peignez la bordure. Trempez la brosse à pochoir dans la peinture et tamponnez-la sur du papier journal jusqu'à ce qu'il n'y ait presque plus de couleur. Appliquez cette couleur sur le motif correspondant. Déplacez le pochoir et répétez l'opération jusqu'à ce que tous les motifs de la même couleur aient été peints. Recommencez avec une nouvelle couleur jusqu'à ce que tous les motifs soient complets. Fixez la couleur et la toile sur le cadre comme pour le projet précédent.

À GAUCHE : *les motifs au pochoir sont un moyen simple de donner de l'originalité à un transat.*

Les Accessoires et les Objets Décoratifs

Ce sont les petits détails qui font les grands styles,
c'est-à-dire le choix des objets décoratifs
qui exprime votre personnalité.
Grandioses ou modestes,
ils mettent un point final au décor.

PAGE DE DROITE : *les tons éclatants de ces géraniums rouges et roses sont encore accentués par un pot en terre cuite rayé de couleurs vives.*

Décorer l'extérieur

La sculpture est la forme d'art la plus couramment utilisée en extérieur. Cependant, si l'argent ou l'espace font défaut, il existe d'autres possibilités. Tout ce qui ajoute forme et structure au paysage est intéressant. Les pots à fleurs et les contenants contribuent à la beauté du décor, surtout les urnes et les jarres. Mais celles-ci ne sont pas indispensables, et l'on peut organiser une jolie mise en scène avec des pots en terre cuite ordinaires, peints. Pensez également à suspendre des fleurs de manière originale, dans une passoire, un panier ou un seau, ou bien rassemblez votre collection de plantes en pots dans une vieille brouette ou tout autre type de présentoir inattendu.

On peut aussi choisir des objets purement décoratifs, comme les mobiles qui tintinnabulent au vent, le bois flotté ou les collections de galets. Ou bien fabriquer des ornements très personnels : des cœurs ou des étoiles en brindilles, en raphia ou en fil de fer.

CI-DESSUS : *ces simples silhouettes en tôle galvanisée sont encore plus décoratives une fois peintes en couleur.*

À GAUCHE : *remplie de pots d'œillets mignardises, cette cage en bambou peint est un ornement simple, bon marché et tout à fait charmant.*

À GAUCHE : *ce gracieux mobile qui s'agite à la moindre brise est composé d'une joyeuse ribambelle de coquillages percés d'un trou et noués le long d'un morceau de raphia.*

PAGE DE DROITE : *ce vieux mannequin en osier et sa réplique miniature en fil de fer garnissent un coin de jardin de façon originale.*

La sculpture au jardin

Depuis des siècles, les formes gracieuses des statues en pierre, des bustes et des fontaines ont paré les grands jardins classiques et ceux qui le sont moins, offrant le plus majestueux des points de vue ou simplement une surprise charmante au détour d'une allée. La statuaire grecque et romaine est encore très prisée aujourd'hui, ainsi que les angelots et les chérubins. Les statues anciennes, en pierre vieillie par la mousse, les sels naturels, le temps qui passe et toutes empreintes de cette patine qui rehausse les moindres détails sont les plus somptueuses mais aussi les plus coûteuses. On peut cependant faire vieillir de la pierre neuve en accéléré : il suffit de la frotter de yaourt et de l'oublier quelque temps dans un endroit humide et sombre.

À GAUCHE : *une roue couverte de rouille et une main de mannequin reflètent leur silhouette quelque peu inquiétante dans un miroir fixé sur le mur. L'ensemble est dynamisé par un minuscule miroir en forme de losange, qui tourne et scintille entre les deux.*

À GAUCHE : *l'eau et le métal composent cette vivante et fascinante sculpture, à mi-chemin entre le bain d'oiseaux et la fontaine.*

PAGE DE DROITE : *ce superbe buste d'homme, pudiquement tourné vers le mur, remplit un rôle à la fois artistique et architectural dans ce coin de jardin.*

Aussi belles que soient les sculptures antiques, il existe d'autres formes parfois plus appropriées à votre jardin et à votre personnalité. Très à la mode, les sculptures en métal et en fil de fer s'accommodent bien à l'extérieur, tout comme l'ajonc tressé qui peut adopter les formes les plus variées. La mosaïque, elle, métamorphose en un clin d'œil l'ustensile le plus utilitaire en œuvre d'art. On peut aussi sculpter les plantes elles-mêmes : dans l'art topiaire, les arbustes persistants à petites feuilles, par exemple, se taillent en spirales, en cônes, en boules ou en animal.

PAGE DE GAUCHE : *une armature de chaise en métal peut, elle aussi, devenir sculpture. On a donné à celle-ci une stature de trône en l'entourant de petits arbres parfaitement entretenus.*

À GAUCHE : *cette statue à l'ancienne offre le plus joli des points de vue au-delà d'un arceau.*

CI-DESSUS : *cette piquante beauté est faite de trois bassines en tôle sur lesquelles on a réalisé une mosaïque en morceaux de faïence cassée, agrémentée de deux petites tasses.*

CI-DESSUS : *ici, pas de silhouettes grandioses, mais des arbustes persistants taillés dans des formes simples de topiaire. De petite taille et cultivés en pots, ils orneront joliment n'importe quel jardin.*

Décorer les pots de fleurs

N'allez pas chercher la difficulté pour donner de l'originalité à un banal pot en terre cuite. Les moyens sont si nombreux qu'il en existe forcément un à la portée de votre talent. Ornez-les de grands dessins géométriques à la peinture, et de formes plus figuratives si vous maniez le pinceau avec dextérité, ou bien collez de menus objets sur la surface des pots : des morceaux de faïence ou des coquillages choisis pour leurs textures et disposés selon un motif simple.

PAGE DE DROITE : *Réalisées en morceaux de faïence colorés, ces mosaïques aux motifs simples habillent ces pots en terre cuite de façon spectaculaire.*

À GAUCHE : *pour égayer le coin le plus triste du jardin ou du balcon, rien n'égale un géranium rouge vif et un pied de thym odorant plantés dans des pots peints aux couleurs des mers du Sud.*

CI-DESSUS : *dans ces pots en terre cuite peints en vert et jaune pour fêter le printemps, les jonquilles et les crocus rivalisent d'éclat.*

À GAUCHE : *pour habiller ce pot, rien de plus facile ! Faites-lui un collier de morceaux de verre dépoli, suspendus par un fin fil de fer à une tige fixée sous le rebord.*

Des pots à la mexicaine

Pour donner une touche mexicaine à vos pots de fleurs, peignez-les de rayures multicolores. L'effet sera encore plus beau si vous laissez apparaître un peu du ton terre cuite entre les rayures, et si le pot possède un rebord festonné comme celui-ci. Ces pots seront d'une gaieté irrésistible.

OUTILS ET MATÉRIAUX

Pot au rebord festonné
Ruban cache adhésif
Couche de fond blanche
Petit pinceau
Tubes de gouache
2 brosses à tableau, dont 1 très fine
Vernis polyuréthane

1. *Délimitez les rayures sur le pot avec le cache adhésif. Coupez certaines bandes plus étroites pour donner du rythme. Ces parties cachées resteront nues, couleur terre cuite.*

2. *Recouvrez la surface du pot d'une couche de fond blanche. Laissez sécher selon le mode d'emploi.*

3. *Peignez les rayures de plusieurs couleurs en changeant de couleur après chaque rayure. Laissez sécher parfaitement.*

4. *Décollez le cache adhésif : les rayures peintes alternent avec la terre cuite.*

5. *Au pinceau fin, peignez à la peinture blanche des motifs sur chaque rayure. Laissez sécher avant d'appliquer le vernis.*

Le seau vert-de-grisé

Le bleu-vert lumineux du vert-de-gris possède un attrait irrésistible. Il se marie très bien aux plantes et on peut le reproduire assez facilement sur un seau en tôle galvanisée ordinaire. Pour obtenir la couleur rouille qui apparaît sur le deuxième seau, procédez de la même manière, mais utilisez de la peinture acrylique rouille à la place du turquoise.

OUTILS ET MATÉRIAUX

Seau en tôle galvanisée
Papier de verre moyen
Peinture primaire pour métal
Peinture dorée
Petite brosse
Gros pinceau
Laque de couleur ambre
Peinture acrylique blanche et turquoise
Eau pour mélanger
Éponge naturelle
Vernis polyuréthane

1. *Poncez la surface du seau et recouvrez d'une couche de primaire pour métal. Laissez sécher deux ou trois heures. Appliquez une couche de peinture dorée et laissez sécher deux ou trois heures.*

2. *Appliquez une couche de laque ambre et laissez sécher trente minutes. Mélangez la peinture acrylique blanche avec la peinture turquoise et assez d'eau pour obtenir une consistance liquide.*

3. *Posez ce mélange vert-de-gris à l'éponge et laissez sécher une heure ou deux, puis appliquez une couche de vernis.*

La cheminée en plomb

Le superbe gris crayeux du plomb est apprécié dans les jardins depuis des siècles. Mais ce matériau est incroyablement lourd et dispendieux. Avec quelques astuces de peinture, voici comment reproduire l'aspect du plomb sur une cheminée en plastique couleur terre cuite.

OUTILS ET MATÉRIAUX

Cheminée en plastique couleur terre cuite
Papier de verre
Gesso acrylique
Gros pinceau
Peinture vinylique gris anthracite
Glacis acrylique
Peinture vinylique blanche
Eau
Brosse à tableau
Vernis polyuréthane

1. *Poncez la cheminée pour que la surface soit plus adhérente. Appliquez une couche de gesso acrylique et laissez sécher une heure ou deux.*

2. *Appliquez une couche de peinture vinylique gris anthracite et laissez sécher deux à trois heures.*

3. *Teintez le glacis avec la peinture vinylique blanche et diluez avec l'eau. Passez sur toute la surface de la cheminée. Travaillez ensuite cette surface avec de l'eau et laissez sécher.*

4. *Appliquez le même mélange à certains endroits pour accentuer la couleur blanche qui donne un aspect vieilli. Appliquez une couche de vernis polyuréthane.*

Une pyramide en branches

Si la fonction première des tuteurs est d'être utilitaires, ils peuvent également s'intégrer au décor. Cette armature, constituée de branches coupées et de tiges d'ajonc, contribue à l'architecture d'un massif. Elle peut aussi servir de support à une clématite ou autre plante grimpante, et enrichir une composition végétale.

OUTILS ET MATÉRIAUX

3 branches d'arbre de 91 cm (3 pi) de long
Ficelle ou tiges d'ajonc pour les attacher
3 branches d'arbre de 30 cm (12 po) de long
Grosse quantité de ficelle ou de tiges d'ajonc très minces, fraîchement coupées

1. *Dressez les trois branches les plus longues de façon à former une sorte de pyramide et attachez-les par le haut avec de la ficelle ou une tige d'ajonc.*

2. *Intercalez les branches courtes entre les longues et attachez-les par le haut. Entrelacez les ajonc et les branches en commençant par le bas.*

3. *Une fois que les branches courtes sont bien tenues par les ajoncs, détachez le haut et continuez à tisser jusqu'à ce qu'elles soient recouvertes.*

Une cloche en grillage

Cette drôle de cloche en grillage à poules peut servir à protéger les plantes des limaces et des oiseaux, ou simplement prêter son charme ornemental à un massif.

OUTILS ET MATÉRIAUX

Pince coupante
Grillage à poules fin
Pince
Fil de fer de grosseur moyenne

1. *Découpez à la pince coupante un morceau de grillage à poules de 50 x 50 cm (20 x 20 po). Roulez-le en plaçant les côtés torsadés des losanges dans le sens de la longueur. Attachez les deux longueurs en tordant les tiges coupées de fil de fer, l'une autour de l'autre. Travaillez avec les doigts, ou avec la pince.*

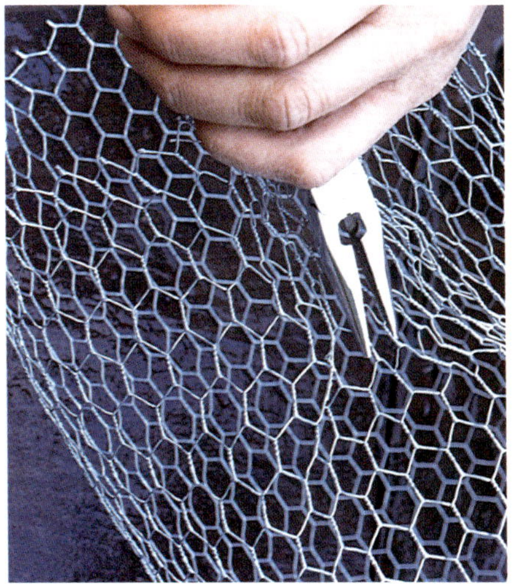

2. Utilisez la pince pour resserrer les losanges. À partir du haut et sur 7 cm environ (3 po), pincez-les le plus possible, puis de moins en moins sur toute la longueur du cylindre, jusqu'à ce que l'écartement soit à son maximum. En bas, resserrez de nouveau, de façon à former une « jupette ».

3. *Pour finir, faites un manchon en fil de fer bien serré en haut de la cloche.*

Coups de charme au potager

Qu'il côtoie les fleurs ou bénéficie de son propre espace, le potager ne doit pas être le parent pauvre du jardin. Il y a quelque chose de très voluptueux dans la naissance d'un fruit ou d'un beau légume : donnez-leur des armatures à escalader qui soient dignes de leur beauté.

À GAUCHE : *même un tuteur à petits pois peut avoir de l'allure. Ces branches ont un aspect naturel un peu sauvage et les légumes peuvent y grimper sans contrainte. Elles se révèlent même très pratiques, puisque leurs multiples ramifications permettent à la plante de s'étaler à son aise.*

À GAUCHE : *ces bambous parfaitement alignés au garde-à-vous arborent fièrement leurs petites étiquettes toutes semblables.*

CI-DESSUS : *difficile parfois de consulter les étiquettes, quand les plantes ont grandi et qu'elles occupent tout l'espace. Une solution : en faire un ornement à part entière. Sur un panneau en contreplaqué, découpez une rangée de tulipes et peignez-les de couleurs vives. Vissez ensuite quelques crochets, et voilà le « journal de bord » idéal de vos plantations.*

PAGE DE DROITE : *que vous ayez des fruits, des légumes ou des semis à protéger, confectionnez vite ce drôle d'épouvantail à moineaux qui jouera le rôle d'une sculpture. Cet élégant personnage à tête de passoire est coiffé d'un fringant panama et arbore des outils de jardinage en guise de mains.*

La jardinière en forme de poule

Au printemps, quand les plantes sont encore basses, il existe divers moyens de leur faire prendre de la hauteur. Cette petite poule couveuse, très décorative et nichée sur une boîte, est plutôt sympathique. Installez-la sur un piquet et placez dans la boîte quelques potées fleuries d'annuelles. Plantez l'ensemble aux endroits du jardin où il manque une touche de couleur.

OUTILS ET MATÉRIAUX

Feuille de papier-calque
Crayon à papier gras
Feuille de papier
Ciseaux
Panneau en aggloméré mi-dur de 60 x 60 cm (2 x 2 pi)
Scie sauteuse
Contreplaqué de 25 mm (1 po) d'épaisseur, mesurant 45 x 76 cm (18 x 30 po)
6 vis
Tournevis
Sous-couche
Petit pinceau
Peinture laquée pour maquette en rouge, orangé, blanc, bleu, noir et vert
Brosse à tableau
Piquet de 5 x 7,5 cm (2 x 3 po) mesurant 120 cm (4 pi) de long

1. *Dessinez la poule d'après le motif fourni à la fin du livre.Tracez la silhouette de la poule sur du contreplaqué. Découpez à la scie sauteuse. trois panneaux decontreplaqué de 9 x 17 cm (3 1/2 x 6 3/4 po) et un de 5 x 17 cm (2 x 6 3/4 po).*

2. *Vissez deux des grands panneaux sur la poule, de chaque côté de la base. Vissez le plus petit entre les deux pour le fond. Vissez le dernier panneau sur le devant.*

3. *Passez la sous-couche sur toutes les surfaces de la poule et la boîte. Laissez sécher en suivant le mode d'emploi.*

4. *Dessinez les détails de la poule des deux côtés, puis peignez avec la peinture laquée pour maquette. Laissez sécher toute une nuit.*

5. *Peignez la boîte en vert. Laissez sécher trois heures. Vissez le piquet au dos de la boîte.*

VIVRE AU JARDIN

L'un des grands plaisirs du jardin
est de s'y retrouver en famille ou entre amis,
comme dans une véritable salle de séjour.
Aménagé pour des activités variées,
le jardin sera toujours prêt à vous accueillir
quand vous aurez envie de prendre l'air.

PAGE DE DROITE : *ce salon miniature abrité par un auvent se montrera très précieux si votre jardin manque d'intimité, quand le soleil brûle et par jour de grand vent.*

Une pièce tout confort

Aménagez confortablement un petit coin du jardin et vous en profiterez à tous les instants : si une table et des chaises vous tendent les bras, il vous sera facile de transporter le café et les croissants pour y savourer votre petit déjeuner en plein air. Et si vous réservez aux enfants un espace bien à eux, ils iront y jouer avec d'autant plus de plaisir. Avant tout, pensez à abriter l'endroit que vous aurez choisi. Il faudra l'entourer d'une haie ou de claustras pour qu'il soit plus intime.

CI-DESSUS : *un déjeuner en plein air par un beau jour d'été laisse toujours un joli souvenir. Pour l'ambiance, choisissez un mobilier gai, cueillez un gros bouquet de fleurs des champs, et disposez les salades et les fruits dans de la vaisselle aux riches couleurs.*

Une fois l'endroit repéré, essayez d'y incorporer des éléments qui stimulent chacun des cinq sens. Pour le plaisir des yeux, installez une belle plante en pot à proximité. Tout l'été, la nature charmera votre oreille avec le gazouillis des oiseaux, le bourdonnement des abeilles et le bruissement des feuillages. À vous d'y ajouter les clochettes d'un mobile agité ou le clapotis apaisant d'une fontaine.

Pour flatter l'odorat, garnissez votre salon en plein air de plantes parfumées : les roses anciennes et le chèvrefeuille s'y prêtent parfaitement, tout comme la lavande et le romarin. La nuit, certaines fleurs, tels le jasmin d'été et le tabac, exhalent leur fragrance avec encore plus de force. Pour le toucher, jouez avec les textures contrastées des reines-des-prés ou des frondes de fougères plumeuses et celles, renflées et lisses, de certaines plantes grasses. Quant au goût, il sera aiguisé par un carré d'herbes aromatiques, des plants de fraisiers ou des mûriers.

CI-DESSUS : *recouvrez la table d'une nappe à carreaux bleus, et placez-y des potées d'annuelles colorées. Voilà le décor planté pour un apéritif en plein air, dès les premiers jours de soleil.*

CI-DESSUS :
des brassées de roses caracolant de treillis en arceaux offrent un abri accueillant et parfumé à ce pittoresque petit salon en plein air.

À GAUCHE : *un joli point de vue donne au jardin un charme fou. De ce patio situé devant la maison, on domine la perspective classique d'un jardin citadin.*

Le coin des enfants

Dans une maison familiale, le jardin est surtout fait pour les enfants. Il leur faut un endroit où jouer et, quand il n'y a pas assez de place pour courir et taper dans un ballon, la meilleure solution est de concevoir un espace exclusivement réservé à leurs loisirs. Une cabane, par exemple, dont ils pourront profiter par n'importe quel temps, à moins qu'ils ne préfèrent un portique à escalader, une balançoire ou un toboggan. Bien conçus, ces éléments prennent peu de place. S'il y a dans votre jardin un arbre qui s'y prête, construisez-leur une cabane haut perchée, qui, elle, ne prendra pas de place du tout.

CI-DESSUS : *une petite maison habilement décorée ajoute à l'intérêt du jardin. C'est un endroit rêvé pour stimuler l'imaginaire des plus petits et un refuge pour les plus grands. C'est aussi un espace de rangement supplémentaire pour les jouets encombrants, tels que les cuisines et les maisons de poupées.*

À DROITE : *ces marches conduisent à une plate-forme où les enfants entreprennent un parcours semé d'obstacles qui se termine par une glissade.*

À DROITE : ce petit chalet de guingois, avec sa véranda et sa cheminée, est construit sur pilotis. Pour y accéder, il faut grimper un escalier semblant tout droit sorti d'un livre d'images. Chacun pourrait y passer des heures à jouer et à rêver.

CI-DESSOUS : ce portique rustique construit en branches brutes se marie parfaitement à son environnement. S'il est bien conçu, on peut l'agrandir au fil des années quand la place le permet, ou simplement le modifier pour qu'il présente un défi toujours nouveau.

Nos amies les bêtes

Même en plein cœur de la ville, la nature est toujours présente et de nombreuses petites créatures adoptent nos jardins. Certaines offrent un passionnant spectacle et, bien souvent, elles protègent l'équilibre écologique en dévorant des pucerons et autres hôtes indésirables.

La plupart de ces petites bêtes sont très indépendantes et organisent elles-mêmes leur existence, mais on peut les y aider : un simple récipient rempli d'eau fraîche les encourage parfois à s'installer de façon permanente. Le buddleia (l'arbre à papillons) dégage un puissant parfum, ainsi que la lavande et le chèvrefeuille. Ces espèces attirent particulièrement les insectes, surtout les abeilles et les papillons, dont la présence est bénéfique au jardin. Les oiseaux, eux, sont attirés par une mangeoire bien remplie en hiver et un bain pour s'ébrouer en été. Les crapauds, ces grands amateurs de mouches, apprécient les endroits frais et humides : un pot de fleurs renversé dans un petit coin reculé et ombrageux, ou une pile de cailloux. S'ils s'y plaisent, ils s'installent durablement et détruisent inlassablement les insectes nuisibles.

CI-DESSOUS : *attirez les papillons dans votre jardin en plantant les fleurs riches en nectar qu'ils préfèrent : des buddleias, par exemple, ou ce ravissant sedum rose, qui fleurit abondamment en automne.*

CI-DESSUS : *un poste d'observation baigné de soleil et abrité par les feuillages plaira beaucoup au chat de la maison.*

CI-DESSUS : *très joli à regarder, ce colombier abrite aussi l'une des plus belles espèces d'oiseaux. Les colombes n'exigent même pas d'habiter la campagne ; elles ont emménagé sans se faire prier sur cette terrasse citadine.*

À GAUCHE : *les bains d'oiseaux sont parfois des sculptures à part entière. Cette pièce en mosaïque est nichée au creux d'un massif de soucis et de giroflées.*

Effets de lumière

Le jardin doit être éclairé pour qu'on s'y attarde à la nuit tombée. Pourtant, l'éclairage est la partie la plus souvent négligée. Si vous faites paysager votre jardin, pensez à faire installer un circuit électrique par un spécialiste. Cela peut inclure une source principale de lumière ainsi que quelques spots isolés qui sauront mettre en valeur une statue ou tout autre ornement. Même si votre budget est limité, les possibilités sont très variées.

Pour commencer, sachez qu'à moins d'installer des projecteurs puissants, l'éclairage ne sera jamais aussi fort qu'à l'intérieur. Ce n'est d'ailleurs pas le but recherché, car il vaut mieux créer une lumière d'ambiance qui permette de contempler la lune et les étoiles.

Pour éclairer le coin à vivre, le plus souvent tout proche, la solution la plus simple est de fixer une lampe halogène à un mur de la maison. Ou bien d'installer une prise étanche, reliée au circuit principal, et qui permettra de brancher la lumière et le son, les soirs de fête, à la belle étoile. Pour une occasion exceptionnelle, louez aussi des guirlandes lumineuses, destinées à l'extérieur, que vous suspendrez dans les arbres. Les plus jolies sont les plus simples, constituées de petites ampoules blanches.

CI-DESSUS : *placez des spots lumineux sous des plantes aux lignes très graphiques pour donner un aspect irréel au décor.*

À DROITE : *des guirlandes de minuscules ampoules extérieures, accrochées aux treillis et aux plantes grimpantes, donnent un charme particulier aux nuits d'été.*

PAGE DE DROITE : *ces spots lumineux braqués sur la statue et le bassin créent un éclairage idéal pour ce jardin à l'italienne.*

La magie des bougies

Les bougies fournissent le plus romantique des éclairages. Leur lumière naturelle, très flatteuse, évoque les soirées autour d'un feu de bois, et leur variété est infinie. Pouvoir se passer d'électricité est, en outre, très pratique. On peut, bien sûr, poser tous les bougeoirs et bougies de la maison sur la table du jardin pour dîner aux chandelles, mais, en cas de vent, une lanterne abritera efficacement la flamme. Prévoyez une lanterne grand format si vous ne voulez pas passer la soirée à allumer une chandelle après l'autre. Vérifiez aussi la qualité de l'armature métallique, car certaines lanternes en aluminium tombent en morceaux dès que la flamme parvient à faire fondre la soudure.

Essayez également les lumignons que l'on suspend par une chaînette, les grandes lanternes en verre à l'ancienne, les bougeoirs improvisés dans des pots de fleurs ou des seaux en tôle galvanisée où une bougie largement consumée est bien protégée du vent. Les flambeaux de jardin sont particulièrement résistants, et leur flamme haute peut brûler sans interruption pendant trois heures, en produisant une lumière très vive. C'est un éclairage parfait pour une soirée de fête, ou pour illuminer une allée.

Le plus grand danger vient du vent qui souffle sur la flamme des bougies et sur les flambeaux. Prenez grand soin de toujours les disposer assez loin des feuillages et du mobilier.

CI-DESSOUS : *idéales pour éclairer le jardin à la bougie, les lanternes protègent la flamme du vent.*

CI-DESSUS : *des flambeaux « plantés » aux endroits stratégiques du jardin donnent un éclairage très vif. Certains dégagent même un parfum qui éloigne les insectes.*

CI-DESSUS : *ces lumignons suspendus par du fil de fer parsèment les arbres de petits points lumineux très romantiques.*

À DROITE : *cette grande lanterne en verre éclaire avec poésie un dîner aux chandelles. Les bougies en forme de lotus, flottant sur un lit de coquillages, mettent une pointe d'exotisme dans le décor.*

Dorés à l'or fin

Offrez-vous le plus charmant des éclairages à la bougie en dorant à la feuille des pots en terre cuite. Choisissez des pots de plusieurs tailles à grouper sur une table, un balcon ou un mur.

OUTILS ET MATÉRIAUX

Assortiment de pots en terre cuite
Peinture primaire à l'oxyde de fer rouge
Petite brosse ordinaire
Mixtion à dorer à l'eau
Chiffon ou pinceau en soies naturelles
Feuille de métal doré
Chiffon doux
Gomme-laque ambre
Peinture acrylique blanche et turquoise
Eau pour mélanger
Pinceau
Brosse à tableau
Mèche
Petit bâton
Cire à bougie

1. *Passez une couche de primaire sur les pots. Laissez sécher de trois à quatre heures.*

2. *Appliquez une couche de mixtion à dorer à l'eau et laissez sécher trente minutes.*

3. *Posez la feuille de métal en la soulevant délicatement. Étalez-la avec un chiffon ou un pinceau en soies naturelles. Ôtez les fragments de feuille en trop et polissez avec un chiffon doux.*

4. *Appliquez une couche de gomme-laque ambre pour sceller la feuille de métal et laissez sécher trente minutes.*

5. *Mélangez une petite quantité de peinture acrylique blanche et turquoise. Diluez avec un peu d'eau. Appliquez ce mélange au pinceau par petites touches. Essuyez ensuite au chiffon. Laissez sécher trois heures. Suspendez la mèche à un bâton posé sur le pot. Elle doit toucher le fond.*

Les centres de table

À l'extérieur, le décor de table le plus réussi est celui qui se fond dans le paysage. Parcourez le jardin et rassemblez les éléments qui vous inspirent. Combinez fleurs et feuillages, ajoutez quelques fruits et légumes, ou bien groupez vos plus petites potées fleuries, tout simplement. Il s'agit, en quelque sorte, de réunir sur la table un concentré de votre jardin.

CI-DESSUS : *dans ces vases métalliques en forme de verre, on a planté un pied de lierre et deux petits bâtons aux tons pastel, pour simuler les pailles d'un cocktail exotique et décorer le centre d'une table.*

À GAUCHE : *deux pieds de fraisiers en pots jaillissant d'une « cafetière » en fil de fer et quelques fraises mûres forment un joli tableau estival.*

À DROITE : *dans ce panier en fil de fer dont la base est garnie de raphia, on a placé des pots de verveine entourés de minuscules pots de lierre panaché. Ce décor ne fait qu'un avec le paysage.*

CI-DESSOUS : *ce superbe centre de table est composé de choux d'ornement. En complément, on a garni chaque serviette d'une feuille de chou et posé un bouquet de feuilles dans un tout petit pot.*

Les aspects pratiques

En peignant ou en teignant les clôtures, les treillis, les remises, les bâtiments, le mobilier, les pots et les jardinières, on fait ressortir les couleurs des fleurs et on dynamise l'aspect global du jardin. À l'extérieur cependant, la peinture doit pouvoir supporter les variations climatiques : le gel, les vents violents, les pluies torrentielles et le soleil brûlant de l'été. Les produits réservés à cet usage s'écaillent et s'effritent moins facilement, leurs couleurs sont plus stables, et ils protègent efficacement les surfaces qu'ils recouvrent. Mais on peut aussi obtenir un fini relativement durable en superposant certaines peintures ordinaires à une couche de fond et en fixant le tout sous plusieurs couches de vernis polyuréthane. Cela est surtout valable pour les pots et les jardinières qui ne passent pas leur vie entière au jardin.

Quelle que soit la surface à peindre, assurez-vous de la compatibilité des peintures primaires, des sous-couches et des vernis, sinon vous risquez d'avoir des surprises. Par exemple, si vous employez une peinture à l'eau, choisissez une primaire et un fini à base d'eau ; procédez de la même manière avec les acryliques ou avec les produits à base d'huile. Lorsque tous les produits proviennent d'un même fabricant, cela garantit généralement leur compatibilité. Si tel n'est pas le cas, faites un essai dans un endroit discret.

CI-DESSUS : *des petits pots en terre cuite dorés à la feuille composite et remplis de cire à bougie créent une ambiance chaleureuse et colorée dans le jardin.*

Attendez qu'un beau temps sec et pas trop chaud s'installe avant d'accomplir tout travail de peinture à l'extérieur. En effet, si la surface à peindre est humide, la peinture n'adhère pas bien ; si la surface est trop brûlante, la peinture fait des bulles ; s'il gèle, la peinture se décolle.

N'oubliez pas non plus que plusieurs couches fines de peinture produisent un effet plus beau et plus durable qu'une seule couche épaisse.

À GAUCHE : *il suffit d'un peu de matériel spécialisé pour obtenir les plus jolis effets décoratifs. Par exemple : de la peinture vinylique et acrylique, de la mixtion à dorer à l'eau, de la feuille composite, de la pâte à dorer et des feutres or et argent.*

Les bons outils du bon peintre

Vos travaux de peinture seront mieux réussis si vous employez les bons outils. Si vous achetez des pinceaux neufs, nettoyez-les correctement.

LES BROSSES ORDINAIRES

Elles sont idéales pour appliquer les couches de fond. Quand il s'agit d'une grande surface, vous aurez peut-être besoin d'une brosse à émulsion, mais, pour la plupart des travaux, une brosse à soies raides de 7 à 10 cm (3 à 4 po) de large suffit. Une brosse plus étroite, de 3 à 5 cm (1 à 2 po), est indispensable pour les tâches plus minutieuses.

LES BONS OUTILS POUR LES EFFETS DE PEINTURE

Les brosses à tableau servent à la décoration pure, et notamment aux effets de peinture, plomb, marbre ou vert-de-gris. Plus le travail est minutieux, plus la brosse sera fine. Si les couleurs doivent se chevaucher, appliquez-les avec une éponge naturelle. Pour la peinture projetée, employez une brosse en soies de porc ou une brosse ordinaire mince. Pour peindre au pochoir, il vous faut une brosse à pochoir aux soies courtes et drues. Procédez plutôt par tamponnements pour éviter que la peinture ne s'infiltre sous le pochoir.

LE NETTOYAGE

Les brosses utilisées avec des produits à l'eau se lavent à l'eau et au savon. Faites mousser jusqu'au niveau de la virole et rincez abondamment, jusqu'à ce que l'eau soit propre. Secouez et pressez les poils pour les essorer, puis posez la brosse à plat sur du papier journal. Repliez le papier autour des poils pour les remettre en forme et absorber l'eau. Les brosses utilisées avec des produits à l'huile se nettoient au white-spirit. Ôtez ensuite le white-spirit avec de l'eau savonneuse et faites sécher comme ci-dessus.

À GAUCHE : *de gauche à droite, brosse à pochoir, brosse à épousseter (parfois utilisée pour pointiller des surfaces peintes), brosse ordinaire étroite (encadrements de fenêtres), blaireau à estomper (pour estomper les traces de pinceau sur la peinture encore fraîche), brosse à pocher, brosse ordinaire large, berceau à faux bois (pour créer des effets de bois), brosses à tableau, brosses à vernis, éponge naturelle, chiffon doux.*

Préparer les surfaces

Quel que soit le travail à entreprendre, préparez la surface avec soin en suivant les instructions du fabricant. Il existe une grande variété de surfaces dans un jardin, et toutes nécessitent une préparation différente.

LA MAÇONNERIE

Préparez les murs en brossant la poussière et la peinture écaillée avec une brosse dure. Si la poussière persiste, scellez la surface avec un fixateur de fond. Choisissez une peinture à maçonnerie (émulsion extérieure) normale ou renforcée, disponible dans un arc-en-ciel de couleurs, dont certaines doivent être mélangées par le fabricant. S'il ne vous en faut qu'une petite quantité pour mettre un détail en valeur ou peindre le mur d'une remise, vous pouvez la mélanger avec de la peinture acrylique (faites un essai d'abord, avec une toute petite quantité).

À GAUCHE : *on peut donner un air pimpant et frais à une remise, ou à une cabane en bois parfaitement lisse, avec une couche d'émulsion extérieure.*

À GAUCHE : *le bois des vieux meubles peut être rajeuni par une application de teinture pour bois.*

À GAUCHE : *la peinture à maçonnerie teintée avec de la peinture acrylique peut être aussi vive que vous le désirez.*

LE BOIS LISSE

Dans le jardin, les portes, les meubles et certains bâtiments comme les remises et les cabanes sont en bois lisse. Pour les peindre, vous pouvez utiliser trois types de produits : la peinture brillante (extérieure), la teinture pour bois (extérieure), le vernis (extérieur), qui peut être incolore, mat ou brillant, ou coloré. La plupart des teintures existent uniquement en tons de bois, mais certains fabricants en font aussi de plusieurs couleurs. Le bois des cabanes et du mobilier acheté dans le commerce est en général traité avec un produit par-dessus lequel on peut peindre. Lavez avec une solution sucre-savon, puis rincez abondamment. Frottez d'abord avec du papier humide, puis du papier sec. Laissez sécher, puis appliquez une peinture de fond extérieure. Lorsqu'elle est bien sèche, appliquez une sous-couche. Laissez sécher, puis appliquez une peinture brillante extérieure. Un séchage parfait est essentiel entre chaque étape (considérez les instructions du fabricant comme un temps minimal).

Si vous préférez une finition qui laisse apparaître le grain du bois, choisissez une teinture ou un vernis. La teinture imprègne le bois ; le vernis, même coloré, reste en surface. On applique ces produits directement sur le bois propre et sec.

LE BOIS BRUT

La plupart des palissades et des treillis, et certains bâtiments de jardin, sont en bois brut. Ils doivent être teints avec des produits qui les imprègnent plutôt qu'avec un produit de surface comme la peinture ou le vernis. N'oubliez pas de vous assurer que le produit est bien adapté à la finition du bois brut extérieur. La plupart de ces produits sont teintés bois, ou verts, mais on trouve un assortiment de couleurs chez certains fabricants spécialisés. Le bois brut vendu dans le commerce est souvent traité avec un insecticide-fongicide. Demandez si la teinture est compatible. S'il n'a pas été préalablement protégé, traitez-le vous-même avant de le teindre.

LE MÉTAL

Les portes en métal et les grilles peuvent être peintes avec de la peinture brillante extérieure. Si le métal est déjà peint, nettoyez la peinture écaillée et la rouille avec une brosse métallique, puis époussetez. Appliquez un antirouille et une peinture primaire pour métal (que celui-ci soit vieux ou neuf). Laissez sécher, puis passez la peinture. On trouve également des peintures spéciales pour métaux, en aérosol ou au pinceau, qui peuvent être posées directement, sans primaire, même par-dessus la rouille. Prenez cependant la précaution de nettoyer la poussière de rouille à la brosse métallique.

À GAUCHE : *un treillis de jardin ne doit pas forcément rester brun. Cette teinture bleutée, par exemple, est une parfaite toile de fond pour un camaïeu de roses.*

Les motifs

Sauf indication contraire, tous les motifs et les schémas sont à échelle réelle. Pour agrandir à la taille voulue, utilisez un quadrillage ou une machine à photocopier. Si vous choisissez le principe du quadrillage, décalquez le motif, puis tracez une grille par-dessus. Pour l'agrandir, tracez une grille à l'échelle requise sur une autre feuille de papier. Dessinez chaque partie du motif dans le carré plus grand correspondant. Pour confectionner ces gabarits, il vous faut : du papier-calque, un crayon à papier à mine dure, un à mine grasse, du papier et des ciseaux.

Le « paillasson » en galets p. 30

Schéma de réalisation

Peignez vos idées pp. 48 et 49

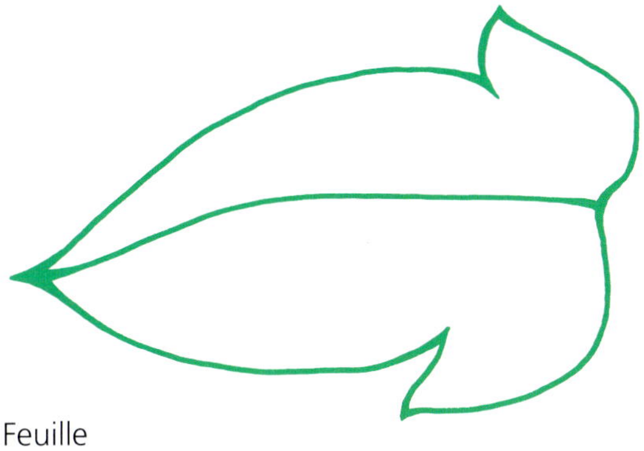

Feuille

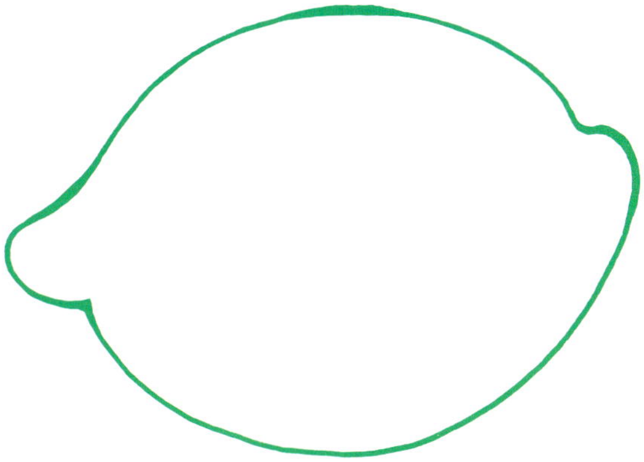

Citron et limette

Lézard

Agrandissement 200 %

Cabane pp. 88 et 89

Motif du bandeau

Console de jardin p. 100

Feuille

La jardinière en forme de poule

pp. 126 et 127

Agrandissement 200 %

Des transats très décoratifs pp. 102 et 103

« Oiseaux des Indes »

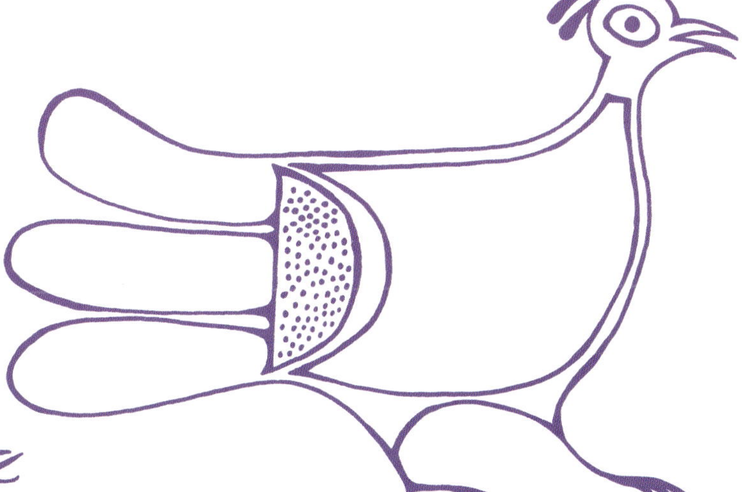

Adresses des fournisseurs

EN FRANCE

PLANTES

DELBARD
16, quai de Mégisserie
75001 - Paris
01 44 88 80 20

VILMORIN ANDRIEUX
4, quai Mégisserie
75001 - Paris
01 42 33 61 62

LE JARDIN DE VICTORIA
14, avenue Victoria
75001 - Paris
01 42 33 84 07

DESPALLES
76, boulevard Saint-Germain
75005 - Paris
01 43 54 28 98

CLAUDE JARDIN
115, rue Lafayette
75010 - Paris
01 48 78 47 26

JARDIRAMA
68, route Empereur
92500 - Rueil Malmaison
01 47 51 69 00

HERMÈS
182, avenue Charles de Gaulle
92200 - Neuille-sur-Seine
01 46 24 50 12

PLANTES AQUATIQUES

AQUATIC BEZANÇON
La Follaine
37310 - Azays-sur-Indre
02 47 92 58 39

LATOUR-MARLIAC
47110 - Le Temple-sur-Lot
05 53 01 08 05

JARDIN AQUATIQUE
Le Jardin rayonnant
61240 - Le Merlerault
05 33 39 06 00

PÉPINIÉRISTES

CROUX PÉPINIÈRES
72, avenue Roger Salengro
92290 - Châtenay Malabry
01 46 61 04 06

PÉPINIÈRE LOUIS ARCQ
77540 - Lumigny
01 64 25 63 47

Pépinière M.-J. **BUREAU**
49120 - Savennières

Pépinières **TRAVERS**
Rue Cour-Charelle
45650 - Saint-Jean-Le-Blanc
02 38 66 13 70

FOURNISSEURS SPÉCIALISÉS

EXPRESS GAZON (gazons en plaque)
Senlis
03 44 54 90 76

FONTAINES DU VAL-DE-LOIRE
(fontaines, vasques...)
17, place Maupas
45130 - Meung-sur-Loire
02 38 44 34 78

PROVINCES DE FRANCE
(fonte et ferronnerie d'art)
59, rue Maubeuge
75009 - Paris
01 48 78 34 22

AU CANADA

CRUIKSHANKS MAIL ORDER
Tel : 1-800-665-5605

AVANT GARDENER
2235 West 4th Avenue
Vancouver
British Columbia V6K IN9
Tel : (604) 736-0404

CREATIVE WOOD PRODUCTS
88 Shoemaker Street
Unit 1
Kitchener
Ontaria N2E G4

MASON'S MANSONRY SUPPLY
6291 Netherhart Road
Mississauga
Ontario L5T IA2

INDEX

Les numéros de pages *en italique* indiquent les illustrations

REMERCIEMENTS

Je remercie *Debbie* pour ses superbes photographies qui expriment à la perfection l'esprit « jardin-salon » et pour avoir passé tout un été à travailler avec moi sans relâche.
Tous ceux qui ont contribué, par leur talent et leur créativité, à enrichir le projet initial de ce livre.
Tous ceux qui nous ont généreusement prêté leurs jardins et dont la passion contagieuse pour le jardinage a étoffé le contenu « plantes » et « décor » de ce livre.
Dominic Smith, Hilltop Cottage, 9 Shirley Hills Road, Croydon, Surrey CRO 5HQ (tél. : 01956 424021), Grande-Bretagne, qui a méticuleusement dessiné et conçu les plans des décors et supervisé la conception du « paillasson » en galets.
Judith, qui a interrompu son congé de maternité, s'est vite imprégnée de l'esprit de ce livre et en a supervisé la production avec grand talent.
Maggie Daykin, responsable éditoriale, pour son brillant travail.
Lisa Tai, décoratrice, pour ses somptueuses mises en scène.
Enfin, *Richard*, *Zoë* et *Faye*, qui ont vécu tout un été dans une maison qui ressemblait à la fois à une jardinerie et à un magasin de bricolage, et *Debby*, *Christein* et *Mijke*, qui se sont merveilleusement occupés des enfants pendant que je travaillais à la conception de cet ouvrage.

ONT CONTRIBUÉ À CE LIVRE

Cleo Mussi,
qui est l'auteur de Un jardin alpin en forme de roue, Un petit cercle en galets, Une table de jardin en mosaïque. Elle nous a aussi prêté ses tableaux, ses sculptures et ses pots en mosaïque.

Liz Wagstaff,
qui a rédigé Une remise très pimpante, Une console de jardin, Le seau vert-de-grisé, Effet de pierre sur une fontaine, La cheminée en plomb, Dorés à l'or fin et Une lanterne en fer.

Karin Hossack,
auteur de Une pépinière mise en boîtes, Une pyramide en branches, Des pots à la mexicaine, La jardinière en forme de poule, Au gré du vent, Le panneau d'étiquettes de la page 124.

Jenny Norton,
qui a peint la cabane, les chaises pages 96-97 et le mur page 47.

Mijke Gesthuizen,
pour Le cœur en fil de fer.

Ainsi que
Un grand merci à tous ceux qui nous ont permis de photographier leur jardin :
Bryan d'Alberg, Bill Blake et son jardinier, Julian Hobbs, John Casson, la comtesse de Chichester, M. et Mme Eadie, Lucinda Ganderton, Ivan et Angela Hicks (Garden in the Mind), Stanstead Park, Sandra Hanauer, Tony Hills (Wallace Antiques & Art), Sheila Jackson, Ann Kennedy (Agriframes), Lady Anne Rasch (Heale House Gardens), Diana Ross, Drummond Shaw (Drummonds of Bramley) et Gay Wilson.